LE MARÉCHAL
BESSIÈRES

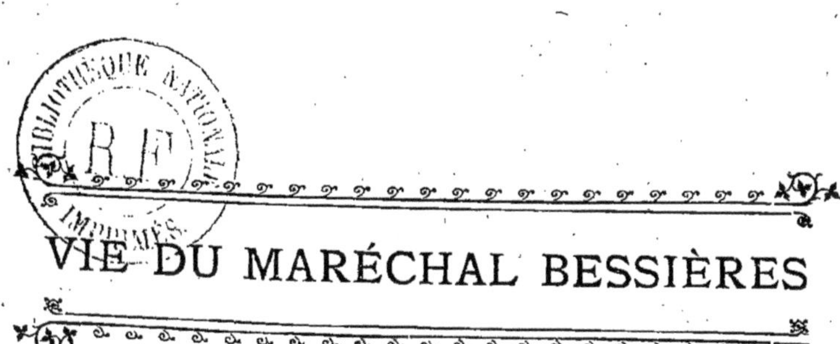

VIE DU MARÉCHAL BESSIÈRES

GR. IN-8°. — 3e SÉRIE

Le Maréchal BESSIÈRES

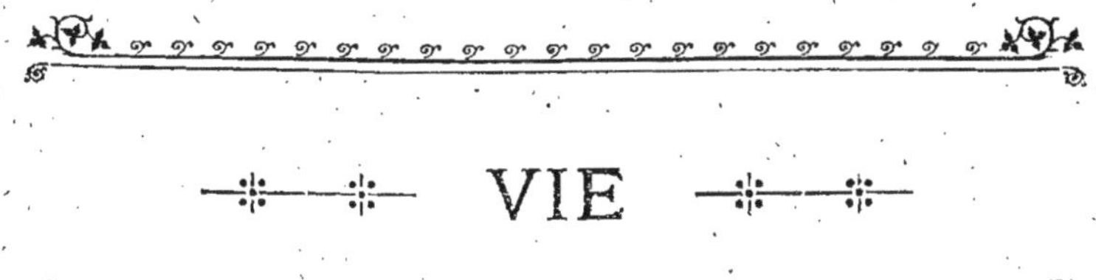

VIE

DU

MARÉCHAL BESSIÈRES DUC D'ISTRIE

ILLUSTRÉ DE NOMBREUSES GRAVURES

DESCLÉE, DE BROUWER ET Cie

IMPRIMEURS DES FACULTÉS CATHOLIQUES DE LILLE

LILLE
41, Rue du Metz

PARIS
Rue Saint-Sulpice, 30

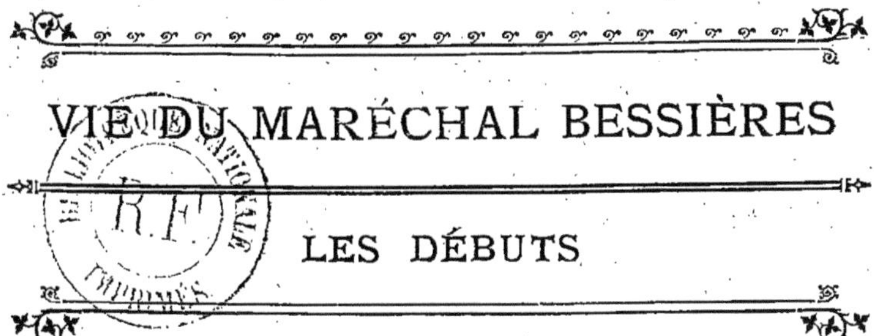

VIE DU MARÉCHAL BESSIÈRES

LES DÉBUTS

BESSIÈRES Jean-Baptiste naquit à Preyssac, petite bourgade du Lot, le 6 août 1768.

Son père, Mathurin Bessières, était médecin. Empressé à donner ses soins aux pauvres gens, il a laissé dans le pays le souvenir d'un homme de bien. Son épouse, Antoinette Lemozy, le secondait dans ses bonnes œuvres. Il jouissait d'une fortune qui lui assurait l'indépendance et lui permettait de donner une bonne éducation à ses huit enfants. Jean-Baptiste était l'aîné.

On l'envoya au collège de Cahors. Dirigé par un vieux prêtre, ami de la famille, le jeune Bessières fut élevé religieusement ; il se montrera fidèle à ses premières leçons.

Il voulut tout d'abord embrasser la carrière paternelle, mais les premières rumeurs de la Révolution modifièrent ses plans.

Quand la province connut les tristes événements du 14 juillet 1789, elle voulut avoir, à l'exemple de Paris, sa municipalité et sa garde nationale. — Preyssac eut sa garde et Bessières en devint le commandant.

Les gardes du corps furent supprimés et remplacés par la garde constitutionnelle, formée de jeunes gens choisis dans les bonnes familles et désignés par le directoire du département. Bessières fut désigné par celui du Lot.

Ce choix honorait la famille et devait montrer au jeune soldat sa véritable vocation.

Les jeunes gens du Lot destinés à la garde de Louis XVI se réunirent le 5 avril 1792, à Cahors, point de départ. Le voyage de Cahors à Paris se fit à cheval, en compagnie de deux amis : Murat et Ambert. (Ces trois compatriotes étaient destinés à la plus grande gloire : l'un devint roi, l'autre général, notre héros maréchal de l'Empire ; leurs noms sont gravés sur l'arc de triomphe de l'Étoile.)

Les impressions de Bessières en entrant dans la garde

ARCOLE. (P. 11.)

constitutionnelle durent être pénibles. Les Girondins, afin de changer l'esprit de ce corps entièrement dévoué au Roi, eurent recours à mille moyens pour corrompre ces jeunes gens, les rebuter, et s'en défaire. Ces menées n'ayant pas donné de résultats sérieux, on décida de réformer la garde, — et, finalement, le licenciement fut prononcé (5 juin 1792). Mais les événements se succédaient avec une telle rapidité, que ce décret ne fut pas exécuté sur-le-champ.

Quelques gardes étaient encore à la caserne le soir du 9 août. Lorsqu'ils apprirent que la vie du Roi et de sa famille était en danger, ces braves gens s'empressèrent de courir aux Tuileries. Bessières était parmi eux. Conduite admirable, puisque ces hommes, licenciés par un décret de l'Assemblée, n'avaient plus de service à fournir. Ils se réunirent dans la

RIVOLI. (P. 12.)

pièce où se trouvait la famille royale. Lorsqu'elle abandonna le château pour se rendre au sein de l'Assemblée, Rœderer invita Bessières et ses compagnons à ne pas quitter les Tuileries, pour protéger un grand nombre de dames qui s'étaient réunies près de la Reine. Pendant la prise du château [1], Bessières se distingua avec une poignée de gens de

1. Devenu maréchal, Bessières aimait à répéter que rien n'eût été plus facile que de repousser la populace. Une résolution virile manqua.

cœur. Les femmes allaient tomber sous le coup des envahisseurs ; à genoux et les mains jointes, elles voyaient déjà le fer se lever sur elles, quand, tout à coup, une voix crie à leurs bourreaux : « On ne tue pas les femmes ; ne déshonorez pas la nation. » Ainsi les gardes, placés entre les assassins et les victimes, purent sauver des femmes et des enfants.

Cette poignée de braves parvint à quitter le palais, en s'esquivant les uns par le jardin, les autres par la galerie du Louvre qui n'était pas gardée. L'Assemblée, pour soustraire à l'exaspération populaire les débris de la garde du Roi, décréta que les Suisses et autres étrangers étaient sous la sauvegarde de la loi et des vertus hospitalières du peuple. Bessières était si bien sous la sauvegarde des lois qu'il fut traqué par la justice. Le duc de la Rochefoucauld lui offrit un refuge ; pendant près de trois mois il y resta caché.

Les échos de la victoire de Valmy parvinrent jusqu'à lui et réveillèrent son âme de soldat. Croyant que la faction jacobine avait perdu ses traces, il quitta Paris et alla s'engager, le 1er novembre 1792, comme simple cavalier, dans la légion des Pyrénées. Un mois après son entrée au corps, il fut nommé adjudant sous-officier (1er décembre 1792).

La légion des Pyrénées, devenue le 22e chasseurs à cheval, fut attachée à l'armée des Pyrénées-Orientales. Bessières fut élu sous-lieutenant par ses camarades, le 16 février 1793, et lieutenant le 10 mai suivant. C'est avec ce titre qu'il fut adjoint provisoirement à l'adjudant général Quesnel qui commandait la brigade formée par le 22e chasseurs et le 15e dragons.

Rentré à son régiment, c'est encore à l'élection qu'il obtint le grade de capitaine, le 8 mars 1794.

Beauchamp, représentant du peuple, organisait la cavalerie de l'armée des Pyrénées-Orientales, Bessières le seconda pendant deux mois.

Il rentra définitivement au 22e chasseurs et fit des actions d'éclat aux combats de Bascara, Besalu, La Fluvia. A l'affaire de Figueras, place forte de la Catalogne, Bessières eut la bonne fortune d'être remarqué par Augereau.

Un autre général devait bientôt reconnaître ses talents et le conduire aux plus hautes dignités.

La guerre d'Espagne terminée, Bessières fut appelé dans la valeureuse et invincible armée d'Italie dont Bonaparte venait de prendre le commandement (février 1796).

Dès le début des hostilités, le général en chef lui avait abandonné son escorte pour une reconnaissance. La reconnaissance devint un combat, Bessières y déploya de véritables talents. Sur le champ de bataille Bonaparte le nomma capitaine commandant le piquet, qui, devenant permanent, prit le nom de guides, un peu après de gardes des consuls, pour s'immortaliser avec celui de garde impériale.

A la bataille de Roveredo (4 septembre 1796), une magnifique charge des guides, entraînés par Bessières, délivra la division Masséna un instant compromise, mit en fuite l'ennemi. Le jeune commandant des guides ramena deux canons. Bonaparte, plein d'admiration pour une telle bravoure, le nomma, au soir de la bataille, chef d'escadron.

Trois jours après, devant Prunolano, il se précipita sur une batterie ennemie, suivi seulement par son cavalier d'ordonnance ; son cheval est tué au moment où il arrive sur les pièces ; les canonniers ennemis le sabrent, deux de ses chasseurs arrivent à son secours. Avec ce modeste renfort, Bessières met en fuite et tue les artilleurs autrichiens, et revient au milieu de son régiment entraînant une pièce d'artillerie. C'était son butin.

Il contribue au succès de la journée d'Arcole. A la tête d'un peloton de 25 guides, il met le désordre dans la colonne ennemie en tombant inopinément sur ses derrières, et par cette habile manœuvre assure la victoire.

Sa conduite à Rivoli est non moins admirable : « A la tête de deux escadrons, Bessières culbute un régiment de hussards autrichiens, se précipite en même temps avec la rapidité de la foudre sur deux bataillons formés en carré qu'il sabre et met dans la déroute la plus complète. »

Il se fait encore remarquer à l'action de la Favorite. Pour récompenser tant de bravoure et exciter ses talents militaires, Bonaparte le désigna pour aller offrir au Directoire les drapeaux pris sur l'ennemi dans ces glorieuses journées. Il quitta Vérone le 21 janvier 1797, emportant cette lettre du général en chef.

« Je vous envoie, Citoyens Directeurs, 11 drapeaux pris sur l'ennemi aux batailles de Rivoli et de la Favorite. Le citoyen Bessières, commandant des guides, qui les porte, est un officier distingué par sa bravoure et par l'honneur qu'il a de commander à une compagnie de braves gens, qui ont toujours vu fuir devant eux la cavalerie ennemie, et qui, par leur intrépidité, nous ont rendu dans la campagne des services très essentiels. »

CAMPAGNE D'ÉGYPTE

BESSIÈRES revint de Paris avec le grade de chef de brigade (colonel). A son retour en Italie, il trouva l'armée organisant l'expédition d'Égypte.

Bonaparte s'arrêta dans l'île de Malte. Il adjoignit à Bes-

SIÈGE DE SAINT-JEAN D'ACRE. (P. 14.)

sières, placé à la tête du corps des guides à cheval, la compagnie des guides à pied.

« Bessières, dit le rapport, doit faire connaître que les guides seront l'exemple de l'armée sous le rapport de la discipline comme sous celui de la bravoure la plus audacieuse. »

L'armée de Bonaparte débarqua le 1er juillet 1798 à l'anse du Marabout. Le lendemain on s'empara d'Alexandrie ; un guide monta le premier à l'assaut, montrant ainsi que les discours de leur jeune chef n'avaient point été vains.

Sur cette terre d'Égypte, Bessières reçut chaque semaine des ordres aussi variés que nombreux. Ces différents ordres montrent l'intérêt que portait Bonaparte à ce régiment des guides et sa confiance dans les talents de Bessières. N'est-il pas curieux de voir un chef de brigade trouver au milieu de ces solitudes, « un modèle d'épaulettes qui soit à l'abri d'un coup de sabre » ?

Entre-temps, Bessières exerçait ses hommes au tir du pistolet et de la carabine soit au galop, soit au trot.

Le climat, les fatigues de cette guerre, les préoccupations de son commandement, avaient rendu Bessières malade. Il supplia Bonaparte de lui enlever les guides à pied. Celui-ci lui répond : « Mon intention est que ces deux corps continuent à n'en faire qu'un. Ma confiance en vous est proportionnée à la connaissance que j'ai de vos talents militaires, de votre bravoure et de votre amour de l'ordre et de la discipline. » Ces beaux compliments ne suffirent pas à rétablir la santé chancelante du chef de brigade. Bonaparte l'autorisa à prendre du repos : « J'ai ordonné que l'on vous donne chez moi le logement qu'occupait Junot. Si vous préférez aller à Gyzeh, toute la maison est à votre service. Je ne désire qu'une chose, c'est que vous vous dépêchiez de guérir. »

Il fallait certes guérir pour traverser le désert qui sépare l'Afrique de l'Asie, prendre Gaza, Jaffa (1), Hayfa. Bessières se fit remarquer pendant le long siège de Saint-Jean d'Acre, et à la célèbre bataille d'Aboukir (25 juillet).

1. A Jaffa nos soldats vainqueurs eurent à subir le fléau de la peste. Bonaparte, pour rallumer les courages, alla visiter les pestiférés, toucher de ses doigts les malheureux. Bessières suivait son Maître dans ses visites de charité. Gros a immortalisé par son pinceau cette scène si touchante.

Ces succès laissaient Bonaparte maître incontesté de la Haute-Égypte, mais la marine anglaise le bloquait toujours. Sentant sa fortune en péril, il quitta le théâtre de ses exploits pour regagner la France accompagné par quelques officiers dévoués à sa personne. Bessières fut choisi et deux cents de ses guides.

Le retour de Bonaparte ressembla à une marche triomphale. On l'acclamait dans toutes les villes. La France avait besoin d'un homme d'action, Bonaparte pouvait l'être. Il le devint. La journée du 18 brumaire lui donna le consulat. Le rôle de Bessières dans ces journées fut assez effacé.

Le lendemain du coup d'État, il fut nommé commandant de la garde à cheval des consuls, et reçut une gratification de 500 livres. C'était la récompense de cette pénible campagne d'Égypte et de son attachement à la personne de Bonaparte.

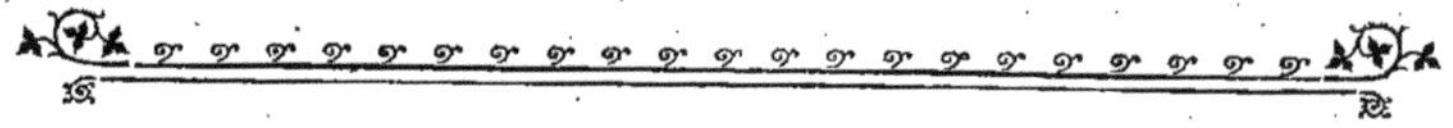

CONSULAT. — GUERRE D'AUTRICHE

LES premiers soins donnés à la pacification intérieure, Bonaparte voulut terminer la guerre avec l'Autriche. La garde consulaire fut comprise dans l'armée de réserve.

Cette armée quitta Paris en mai, et, le 2 juin, entrait dans Milan. Elle avait traversé le col du grand Saint-Bernard au prix d'efforts inouïs et à la plus grande stupéfaction des ennemis, qui nous croyaient bien loin.

On rencontra les Autrichiens à Marengo. Les débuts de la bataille furent malheureux pour nous. Desaix ayant ramené du renfort, on recommença une seconde bataille. Bientôt l'ennemi céda, c'était le moment de faire donner la réserve pour appuyer la charge décisive de Kellermann. « Bessières, à la tête des casse-cous et des grenadiers de la garde, s'élance et exécute une charge avec autant d'activité que de valeur ; il perce la ligne de cavalerie, ce qui acheva l'entière déroute de l'ennemi. » C'est dans les derniers moments de cette charge qu'il s'honora par une action d'une générosité chevaleresque. Ce fut le mouvement d'une bonté sublime, car ce mouvement lui vint dans l'élan furieux d'une dernière attaque victorieuse, dans un de ces instants où l'humanité semble avoir perdu tous ses droits. Bessières avait à disperser les Autrichiens foudroyés et battus de toutes parts. Ses cavaliers chargeaient à coups redoublés l'arrière-garde ennemie. Sur un point où la résistance avait été opiniâtre, un cavalier autrichien était parvenu à faire une trouée dans les rangs de la garde, où, entouré de toutes parts, il se battait en désespéré. Ce brave tomba, il était blessé et il suppliait les Français de ne pas l'écraser sous leurs chevaux. Bessières l'aperçoit, s'élance près de lui et crie à ses soldats : « Ouvrez vos rangs, soldats, épargnez ce brave. » A cet ordre, les rangs s'ouvrent, le cavalier s'échappe; la garde applaudit, referme ses rangs et recommence à charger.

Ces actions lui méritèrent les rapports les plus élogieux. Murat écrivit dans son rapport : « Bessières a montré autant de sangfroid que de bravoure. » La relation de Berthier contenait ces lignes : « La garde à cheval des consuls, commandée

TRAVERSÉE DU GRAND SAINT-BERNARD. (P. 16.)

par le chef de brigade Bessières, s'est couverte de gloire. Jaloux de donner à la troupe d'élite qu'il commandait l'honneur de la dernière charge, Bessières s'élança sur l'ennemi, le fit plier, et détermina sa retraite générale en portant le trouble et l'effroi dans ses rangs. »

Après cette célèbre bataille, Bessières fut nommé général de brigade, commandant en second la garde des consuls (14 juin 1800, 18 juillet 1800).

Bonaparte courut à Milan, fit chanter un *Te Deum* dans la cathédrale et s'empressa de revenir à Paris. Il s'occupa de donner à la France l'ordre, le travail, la satisfaction. Le peuple était en joie. On espérait une paix définitive et glorieuse. Mais Bonaparte employait le temps des armistices à renforcer ses armées et à achever l'instruction de ses troupes.

Bessières resta à Paris pendant cette fin d'année 1800. C'est là qu'il commença l'année 1801, l'année de son mariage.

Bonaparte, voulant s'entourer d'une aristocratie nouvelle, désirait que son cher général des guides prît pour épouse une personne sortant de l'ancienne noblesse. Bessières, pur de tout contact révolutionnaire, doué d'un esprit délicat, pouvait aspirer à de magnifiques alliances. C'était l'un des plus beaux officiers de l'armée française. La duchesse d'Abrantès nous en a laissé le portrait suivant : « Sa figure était agréable, son sourire avait de la finesse, mais surtout une extrême douceur, sa taille était haute, élancée, élégante, surtout sous l'uniforme. Il avait les yeux à la Montmorency, ce qui donnait une grande douceur à son regard ; il ne voulut jamais quitter la poudre ni couper ses cheveux. » Bonaparte proposa plusieurs alliances à Bessières. Il éluda les offres de Napoléon. Les richesses, les blasons ne le tentaient point. Il ne voulait qu' « une modeste union dans son pays avec la fille d'un honnête homme ».

Pour déjouer les projets du premier consul, Bessières partit pour Cahors, où il épousa Marie-Jeanne-Madeleine Lapeyrière, fille d'un ancien receveur des revenus du clergé dans le diocèse de Cahors.

Cette famille jouissait de la considération et de l'estime universelles pour le bien qu'elle faisait.

Quant à la jeune fille, « elle avait une âme pure, un esprit juste et le plus noble des cœurs (1) ».

1. Ambert.

Le mariage eut lieu dans la maison de M. Lapeyrière ; il fut célébré religieusement, ainsi le voulaient les futurs époux. Le culte catholique n'était pas encore officiellement rétabli, les prêtres vivaient dans la retraite, cachés pour le plus grand nombre des hommes, connus seulement par les familles très chrétiennes. On trouva une chapelle et un prêtre ; la chapelle fut celle de M. Lapeyrière, le prêtre fut l'abbé de Delaric, curé de Pern (prêtre non jureur).

Bessières était en uniforme de général, « vêtu avec élégance (1). Son attitude était calme, digne ; ses cheveux, rejetés en arrière, laissaient à découvert un front haut et large ; sa coiffure était celle de l'ancien régime, poudre blanche et queue à la brigadière ». Quatre officiers des armées de la République, compagnons d'armes de Bessières, servirent de témoins.

Cette cérémonie eut lieu le 20 octobre 1801.

Des calomniateurs (c'est le propre des honnêtes hommes d'en avoir) firent parvenir au premier consul les plus infâmes dénonciations, tant cet acte religieux avait excité leur colère. Bessières les méprisa et n'en tint aucun compte. Bonaparte ne changea point pour cela sa manière d'agir avec son cher général. Il fit aux jeunes époux le plus bienveillant accueil.

Madame Bessières fut bientôt recherchée à cause de sa distinction, de son tact et de sa beauté. Les anciennes patriciennes tinrent à l'avoir dans leur salon. Les maréchaux de l'Empire la donnaient comme un modèle à leurs épouses.

Davout, écrivant à sa femme, insiste souvent pour qu'elle visite Madame Bessières : « Va voir Mme Bessières, ramène-la chez toi. Je suis convaincu que lorsque vous vous connaîtrez, vous vous aimerez... Fais attention au vif désir que je t'ai

1. de Bourjolly.

manifesté dans plusieurs lettres pour Mme Bessières. Comme toi, elle est sensible, bonne épouse [1]. » Ses salons devinrent bientôt fréquentés. « Pour te faire passer ton temps, je t'engage de nouveau à inviter les autres dames, qui se réunissent ces jours-ci chez Mme Bessières [2]. »

La duchesse d'Abrantès écrivait : « Est-il possible de ne point parler de cette femme, modèle parfait de toutes les vertus, de l'épouse et de la mère, de la fille et de la sœur ? Lorsqu'elle se maria, elle semblait craindre de venir dans le cercle des jeunes femmes des généraux d'alors, si élégantes et si parisiennes. Cette charmante et douce jeune femme qui, avec sa figure de vierge de Raphaël, toute belle et modeste, n'osait lever les yeux qu'en rougissant et tremblant, était un ange possédant toutes les vertus. »

Allant un jour rendre visite à Mme de Narbonne, elle trouve le salon rempli par des dames en deuil réunies là pour assister à une messe en l'honneur de Louis XVI. On l'en instruisit, la priant de garder le secret : « — Pourriez-vous supposer que j'abuserais de votre confiance ! Mais ne savons-nous pas que Dieu aime à bénir la mémoire des bons rois ? » dit-elle. Pendant l'office son recueillement fut édifiant.

Mais le lendemain, Fouché, ministre de la Police, instruit du fait, alla dénoncer au premier consul Mme Bessières comme mêlée à une conspiration royaliste. Bessières, mandé aussitôt près de Bonaparte, reçut les plus vifs reproches. Pendant quelques semaines, Mme Bessières s'abstint de paraître dans les salons du premier consul.

Cette absence fut remarquée et vivement commentée. Bessières, croyant que cette absence avait assez duré, ramena sa femme dans les salons de Bonaparte.

1. Maréchal Davout, t. II, *passim*.
2. Idem.

Lorsque la « charmante boudeuse » entra dans le grand salon, le silence se fit, et cependant rarement la réunion avait été aussi nombreuse et aussi brillante. Jamais Mme Bessières n'avait été plus belle et plus digne. Sa physionomie, toute gracieuse, était, ce soir-là, empreinte de gravité. Le premier consul se dirigea vers la future duchesse et lui dit à haute voix :

« — Madame, je regrette de vous avoir fait adresser des reproches par votre mari. J'ai su, depuis, que le hasard seul

MARENGO. (P. 16.)

vous avait fait assister à un service célébré pour Louis XVI.

— Général, répondit la jeune femme, de façon à être entendue de tous, général, Louis XVI ne méritait pas son sort. Il fut la victime des fureurs d'un peuple égaré. J'ai voulu prier pour lui, et si j'étais à votre place, je sais bien ce que je ferais...

— Eh ! que feriez-vous, Madame ?

— Je ne permettrais pas qu'en France on fût obligé de prier Dieu dans les maisons particulières. »

Il y eut un moment de profond silence, le premier consul reprit :

« — Vous avez raison, Madame, et avant peu de temps j'exécuterai un projet que j'ai formé. »

Ce récit peut paraître surprenant. Il nous a été conservé par M. Corne de Miramont qui l'écrivit sous la dictée de M. de Bourran, ami intime de Bessières, qui l'avait lui-même raconté. Pour être mieux renseigné, on s'adressa au colonel de Baudus, ancien aide-de-camp depuis Eylau jusqu'à Lutzen. Il répondit :

« — Tout ce que vous a dit mon excellent ami de Bourran est tellement digne de la belle âme de l'admirable femme qui eut le courage de faire des démarches pour sauver le duc d'Enghien, que j'y crois comme si je l'avais entendu. »

Mme Bessières joua encore un beau rôle dans les salons de Bonaparte, à ce fameux dîner qui devait décider la signature du Concordat.

« L'armée était représentée à ce dîner par ses grands chefs, fils de la Révolution. Bonaparte y avait appelé les personnages les plus hostiles au rétablissement du culte catholique, esprits forts, hommes très instruits en toutes choses, excepté en celles de la Religion ; sans foi, sans prière, ce qu'on appelait les Philosophes. Le repas fut silencieux, comme il l'était quand l'amphitryon, tourmenté de quelques pensées, ne donnait pas le branle à la conversation. Vers la fin du repas, brusquement, Bonaparte s'adressant à la dame placée à sa droite :

« — Avez-vous été mariée par un prêtre constitutionnel ? lui dit-il.

» — Général, répondit la jeune femme, je ne m'en suis » pas informée. »

» Se tournant alors vers Mme Bessières, assise à sa gauche :

« — Et vous, mon enfant, par qui avez-vous été mariée ?

» — Général, dit-elle avec vivacité, j'ai été mariée par un » prêtre non jureur.

» — Mais où donc ? Les églises ne sont pas encore ouvertes?

» — Dans la chapelle de mon père, jamais, ni mon père ni ma » mère, jamais aucun de nous, ni de nos amis, n'aurait voulu » entendre la messe d'un prêtre jureur ! »

» Saisissant au vol cette réponse ferme et naïve, Bonaparte en fit un commentaire véhément :

« — Madame, dit-il, appartient à une des familles les plus » estimées du département où elle est née. Dans ce qu'elle » vient de dire, vous avez entendu l'esprit de province ; on y » veut la religion catholique, partant le libre exercice du culte. » D'ailleurs, point d'État sans religion. »

» Regardant en face les représentants des Corps politiques:

« — Vous représentez les intérêts de la nation, leur dit-il, » mais l'âme de la France est dans les foyers domestiques; » c'est là que bat son cœur. Mettez donc la main sur ce cœur » et non sur le vôtre. »

» Joséphine était assise en face de lui, elle souriait, et quand » Mme Bessières, tremblante d'émotion au sortir de table, » s'approche d'elle, lui disant ses craintes et ses perplexités :

« — Vous avez très bien répondu, lui dit Mme Bonaparte à » voix basse, c'était tout ce que Bonaparte désirait.

» Peu après, le Concordat était signé (1). »

1. R. P. du Lac, *Les Jésuites.*

Il est intéressant de rapprocher de ce dialogue ce trait cité par Fidus dans son *Journal de dix ans.*

Quelque temps après le 18 brumaire, Napoléon, ayant à parler à une dame, sortit à pied le matin, et, comme on lui dit qu'elle était à la messe, dans une église voisine, il y courut, et l'ayant trouvée, avec la vivacité de ses passions, de son caractère et de son âge, il se mit aussitôt à lui dire tout haut rapidement ce qu'il avait à lui communiquer. La dame lui prit la main et, lui montrant le pavé : « — On n'est pas ici pour parler, mais pour entendre la messe. Taisez-vous et mettez-vous là, à genoux. » Napoléon obéit ; il fut interdit, comprit, se mit à genoux, et assista à la messe jusqu'au bout. Quand il sortit, il ne dit rien, marchant à côté de la dame,

La femme du général Lefebvre vint un jour trouver Mme Bessières et lui dit :

« — Je viens vous prier de m'aider à faire une bonne action. Des émigrés et des prêtres non assermentés sont dans la plus affreuse misère, ils éprouvent toutes les souffrances, et je cherche vainement à soulager leurs malheurs. L'égoïsme et la peur ferment toutes les bourses.

— Je vous seconderai, » s'écria Mme Bessières.

Elle tint promesse. Nul ne refusa à la quêteuse afin de plaire à la compagne d'un favori du Maître. — Mme Bessières put déposer entre les mains de Mme Lefebvre une très forte somme ; elle n'ajouta qu'un mot : « Silence! »

On nous pardonnera facilement d'avoir raconté tous ces traits. Ils sont autant à l'honneur de l'époux que de l'épouse.

Pendant les premières années de son consulat, Bonaparte aimait à errer, avec un ou deux amis, dans les rues de Paris, à l'heure où tout repose. Bessières eut souvent l'honneur d'être invité à ces promenades nocturnes. Il profitait de ces heures de causerie intime pour dire, au premier consul, des vérités utiles, vérités qu'il exposait en homme spirituel et sensé.

« Au moment de l'explosion de la machine infernale, Bessières était dans la voiture de Bonaparte. Il ne fut pas atteint. Mme Bessières, qui était dans la voiture de Joséphine, faillit être victime de cet attentat ; à l'explosion les glaces furent brisées, les dames poussèrent les hauts cris, les éclats de verre les atteignirent. — Seule Mlle de Beauharnais eut une légère blessure (1). »

en silence ; puis, quand ils furent rentrés, et qu'il se trouva vis-à-vis d'elle : « —Madame, dit-il, je vous déclare, et j'en prends l'engagement, qu'à des honnêtes gens comme vous, il sera désormais permis de suivre les exercices de leur religion sans entraves, et qu'ils auront pleine liberté pour leur culte » (*).

1. Rapp, *Mémoires*.

* Fidus, *Journal de dix ans*, t. II, p. 55.

Le 13 septembre 1802, Bessières fut nommé général de division et maintenu à la tête de la cavalerie de la garde consulaire.

A la création de la Légion d'honneur, il fut nommé chevalier de l'ordre (11 décembre 1803).

Cette année-là, il accompagna Bonaparte de Paris à Bruxelles et Anvers pour arriver à Boulogne au mois d'août, le premier consul voulant diriger en personne les préparatifs maritimes de sa descente en Angleterre.

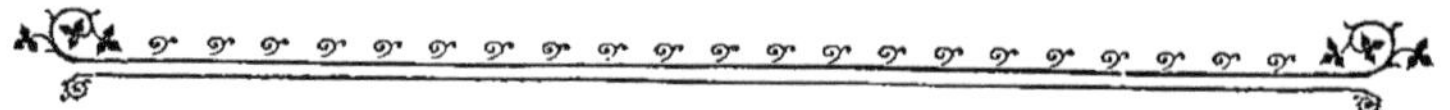

L'EMPIRE

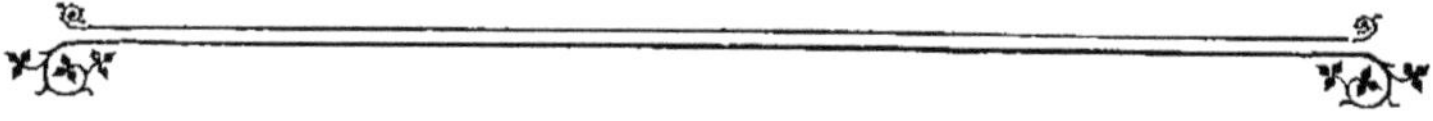

L'ANNÉE 1804 arriva, ce fut l'année des grandes dignités et des grands honneurs. Bonaparte songeait à relever le trône de France.— Il y réussit, mais à son avantage. Bonaparte fut proclamé empereur, et le 2 décembre 1804 le Pape le sacra Empereur des Français. Il s'entoura alors de grands dignitaires tant civils que militaires. Pour ceux-ci ce fut la promotion des quatorze maréchaux de France ; Bessières, simple général de division, n'ayant fait aucune campagne avec ce grade, fut porté sur la liste (19 mai 1804).

Thiers, rapportant cette promotion, écrit: « Bessières eut le bâton de maréchal pour le commandement de la garde qu'il avait depuis Marengo et dont il était digne. » Mais nous devons dire qu'à cette nomination plus d'un compagnon d'armes fut surpris. Bessières ne devait pas tarder à justifier complètement cette haute dignité.

Il fut promu grand-officier et chef de la troisième cohorte (14 juin 1804) ; les insignes ne lui furent données que le 14 juillet, dans l'église des Invalides, avant le départ pour le camp de Boulogne, Napoléon voulant à tout prix descendre en Angleterre. « Soyons maîtres du détroit pendant six heures, et nous sommes maîtres du monde. »

Mais il fallut ajourner cette expédition. On quitta Boulogne pour visiter les provinces rhénanes. Bessières, à la tête de la garde, suivit l'Empereur pendant tout ce voyage.

Le voyage terminé, Napoléon rentra dans sa capitale, et nomma Bessières grand-aigle de la Légion d'honneur (2 février 1805).

La garde consulaire subit un changement. Elle prit le nom

de garde impériale, — et Napoléon créa quatre colonels généraux, chargés de commander les quatre corps de cette troupe magnifique. Davout eut les grenadiers, Soult les chasseurs à pied, Mortier l'artillerie, Bessières la cavalerie. Mais, en fait, comme les trois autres colonels généraux étaient placés à la tête d'un corps d'armée, Bessières eut presque toujours le commandement en chef de toute la garde impériale ; et c'est avec elle qu'il fit les campagnes de 1805-1806-1807, la première

BOULOGNE. (P. 26.)

campagne d'Espagne en 1808, la campagne de Russie en 1812 et celle de Saxe en 1813.

Au début de cette année 1805, Napoléon recevait les plus mauvaises nouvelles d'Italie. L'Empereur résolut de les modifier par sa simple présence. — On quitta Paris le 1er avril 1805. Après avoir visité Turin, Alexandrie, Napoléon fit à Milan une entrée magnifique au bruit des canons et des cloches. Dans les plaines de Marengo il assista, du haut d'un trône, à de grandes manœuvres commandées par Lannes, Murat et Bessières. Le voyage se termina par la cérémonie du couronnement dans la cathédrale de Milan, par le cardinal-archevêque Caprara, qui lui posa sur la tête l'ancienne couronne de fer des rois lombards. Il dit en y portant la main : « Dieu me l'a donnée, gare à qui la touche. »

Il se rendit à Gênes et revint en France. On arriva sur les Alpes le 8 juillet. Napoléon marchait à pied appuyé sur le bras de Bessières :

« — Eh bien, Bessières, vous trouvez cela beau n'est-ce pas, Empereur des Français et roi d'Italie ?

— Sire, répliqua le Maréchal, il faudrait être difficile pour penser autrement.

— Eh bien, je ne me fais pas d'illusion. Je ne suis que l'instrument de la Providence, aussi longtemps qu'elle aura besoin de moi, elle me conservera ; quand je ne lui serai plus utile, elle me brisera comme un verre. »

L'Empereur, on le voit, pensait tout haut devant Bessières. C'était l'ami intime mais un ami discret et prudent.

Le 11 juillet, Bessières rentra à Paris et put prendre quelques jours de repos au milieu de sa famille. Ils furent bien courts.

L'orage grondait. — La réunion de Gênes à la France fit éclater la troisième coalition et commencer à Napoléon ses belles et glorieuses campagnes.

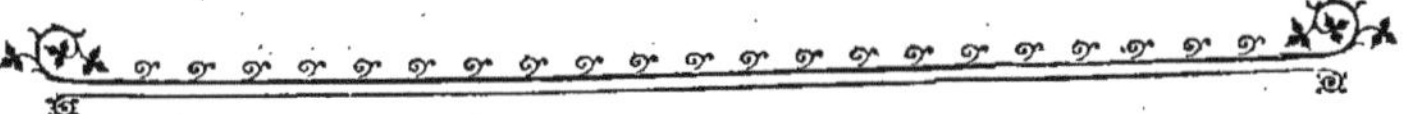

TROISIÈME COALITION. — AUSTERLITZ

APRÈS quelques semaines passées au camp de Boulogne, Bessières se rendit avec la garde à Strasbourg. On attendit Napoléon pour passer le Rhin et entrer en Bavière. C'était un savant mouvement qui nous faisait éviter les Montagnes

PASSAGE DU RHIN.

Noires, et nous donnait une superbe position, — notre armée était ainsi à plusieurs marches derrière l'ennemi. La campagne fut vivement menée. — Elle se termina par la capitulation du général Mack dans Ulm (20 octobre 1805). Pendant cette expédition triomphale, Bessières escorta Napoléon avec les grenadiers à cheval et les Mameluks.

L'armée entra dans Vienne (14 novembre 1805) et marcha ensuite à la rencontre de la grande armée russe qui arrivait du fond de la Moravie. A Raussnitz, on rencontra un corps de cavalerie russe, fort de 6,000 hommes,qui défendait la jonction des routes d'Olmutz et de Brünn. Il fallait passer. Murat était arrivé, mais ses chevaux, fatigués par une course précipitée, n'avaient pu charger avec leur ardeur habituelle. Bessières est averti à la hâte. Avec quatre escadrons de grenadiers à cheval et de chasseurs de la garde, il charge immédiatement. Sa charge vigoureuse culbute la cavalerie ennemie qui s'enfuit dans le plus grand désordre, laissant aux mains du vainqueur vingt-sept pièces de canon.

Il y eut un contraste frappant entre les hommes de Bessières et les Russes. Ceux-ci chargeaient en poussant d'horribles hurlements, tandis que la garde s'avançait grave et silencieuse.

« Bessières dans ses charges était superbe ; son visage s'animait, ses yeux jetaient des éclairs et sa voix dominait le bruit de la poudre ; il était en tête de ses cavaliers et les entraînait. Sa voix couvrait le cliquetis des armes et le bruit des chevaux [1]. »

Napoléon fit prendre des positions défensives à son armée, entre Brünn et Austerlitz. On était au 2 décembre 1805, jour anniversaire du couronnement.

L'ennemi, supérieur en nombre, nous attaqua dès les premières heures de la journée. Un brillant soleil éclaira le champ de bataille. C'était le *soleil d'Austerlitz*, dont Napoléon aimait à parler. La résistance fut opiniâtre. Un instant, un retour offensif de la cavalerie russe jeta le désordre dans un de nos régiments. C'était la garde du grand-duc Constantin, l'élite de la cavalerie russe. L'ennemi tentait une charge suprême, elle n'arriva qu'à ébranler une brigade. A ce moment, Napoléon

1. de Bourjolly.

fit charger les Mameluks, Bessières les suivit avec les grenadiers à cheval. Il arriva au moment où ils soutenaient une seconde charge. Le Maréchal les rallia, s'élança avec eux et engagea une mêlée furieuse. On se battit corps à corps pendant plusieurs minutes. Les jeunes cavaliers russes reculèrent devant les invincibles de Bessières qui s'acharnèrent sur eux. Les énormes sabres se levaient et tombaient aux cris de : « Faisons pleurer les dames de Saint-Pétersbourg ! » A une heure de l'après-midi, la bataille était gagnée. « Dans un moment, dit le trentième bulletin, la garde russe fut en déroute. Colonel, artillerie, étendards, tout fut enlevé ; le régiment du grand-duc Constantin fut écrasé ; lui-même ne dut son salut qu'à la vitesse de son cheval. » A ce succès la jeune garde versa des larmes de rage ; elle n'avait pu donner.

Après ce glorieux combat le plus beau et le plus brillant des combats de Napoléon, l'Empereur, dans sa proclamation, disait à la Grande Armée : « Soldats! je suis content de vous! vous avez, à la journée d'Austerlitz, justifié ce que j'attendais de vous... Une armée de 100.000 hommes commandée par les empereurs de Russie et d'Autriche, a été, en moins de quatre heures, ou coupée ou dispersée ; ce qui a échappé à votre feu s'est noyé dans les deux lacs. »

Un armistice, que l'empereur François était venu conclure au camp de Napoléon, fut signé, et on commença les négociations pour la paix. Ce fut la paix de Presbourg (26 décembre 1805).

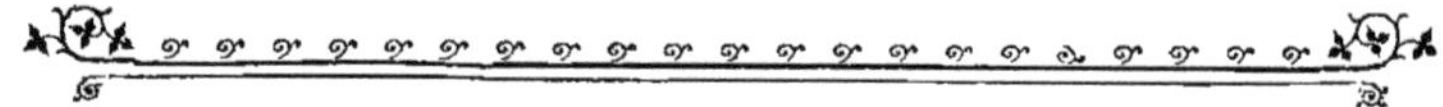

GUERRE DE PRUSSE

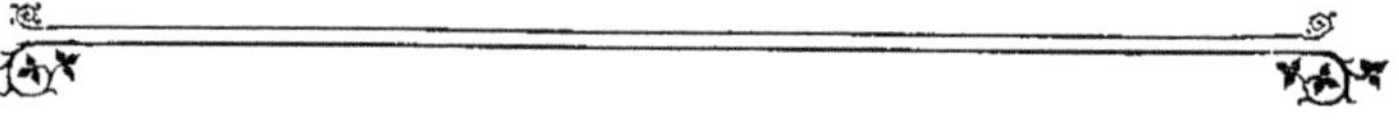

NAPOLÉON prévoyant qu'elle serait courte, laissa ses troupes sur les bords du Rhin. La garde cantonna à Strasbourg, et Bessières revint à Paris en janvier 1806. Il y passa les premiers mois. On les employa à la préparation de la guerre. La Prusse nous la déclara.

Toutes les voitures furent réquisitionnées pour conduire la garde au milieu de l'Allemagne. En octobre, nos troupes étaient sur les frontières de la Saxe.

Napoléon quitte alors Paris, arrive à Mayence. L'archiduc Ferdinand, le roi de Wurtemberg, l'attendaient. L'électeur de Saxe donne à ce moment 20,000 hommes à la Prusse. C'était aux yeux de Napoléon une déclaration de guerre.

Le 8 octobre, il se met en marche, traverse les forêts de la Thuringe. Ses lieutenants remportent d'éclatants succès. Napoléon devait avoir le sien à Iena. Bessières y contribuera.

Le combat est ardent de part et d'autre. Enfin nos ailes avancent, c'est la victoire pour nous si la charge de la cavalerie enfonce le centre ennemi. Napoléon fait alors donner toutes ses forces présentes sur le terrain. La garde charge, poussant devant elle les Prussiens rompus, les culbute dans la vallée de l'Ilm. Aucun corps ne résiste à cette attaque impétueuse. La réserve de l'ennemi cède. La cavalerie prussienne, voulant protéger l'infanterie, donne charge sur charge ; le succès enivre les nôtres, ils l'enfoncent. C'était la victoire complète. L'ennemi fuyait en retraite dans le plus épouvantable désordre, jetant ses armes, ne connaissant plus ni drapeaux, ni officiers, courant sur toutes les routes.

De là l'Empereur se dirigea sur Berlin. Le 28 octobre, au

matin, il y fait une entrée triomphale. La garde impériale, plus imposante que jamais, précédait son Souverain. Les différents

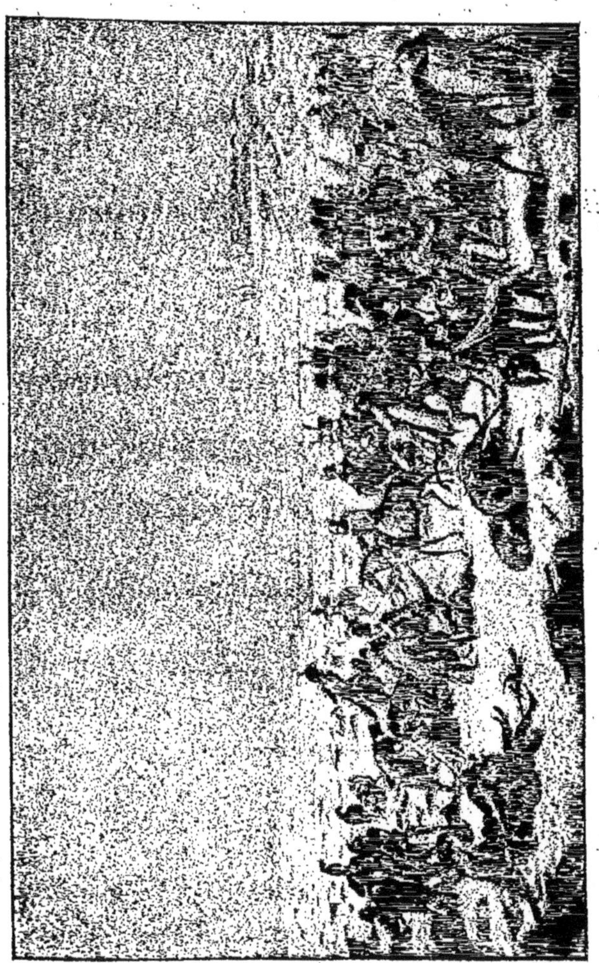

BATAILLE D'EYLAU. (P. 35.)

maréchaux marchaient au milieu d'elle. Pendant ce séjour à Berlin, Napoléon passa en revue ses troupes, et quelle revue ! celle du 30 commença à onze heures du matin, pour ne finir qu'à cinq heures du soir. Après ces défilés, Napoléon s'écriait tout heureux : « Mais ces grenadiers ont la même tenue qu'à la parade de Paris ! »

Bessières fut parfois prié de remplacer l'Empereur pour ces longues et minutieuses revues. Les hommes savaient la bonté de leur chef pour eux. Aussi était-il toujours obéi, même quand il demandait à la garde à pied de faire quatorze lieues dans un jour.

L'armée abandonna Berlin le 25 novembre. Toutes les armées prussiennes étaient déjà anéanties que les Russes n'étaient pas encore entrés en campagne. Napoléon se dirigea sur la Vistule, espérant les rencontrer. Deux corps de réserve de cavalerie furent organisés. Murat eut le premier, Bessières le second.

Le 13 décembre, il reçut l'ordre de quitter Posen pour se rendre à Thorn, dans le but de balayer la plaine qui sépare Pulstuck et Thorn et rejeter l'ennemi au delà de l'Ukra, afin de favoriser le passage des corps d'Augereau, de Soult et de Murat. Ce fut sa cavalerie légère qui accomplit ce programme, remontant au galop la rive droite de l'Ukra et ramassant dans cette course un millier de prisonniers. Arrivé à Thorn, il appuya à droite pour opérer sa jonction avec le grand-duc de Berg.

Il prend une part active au combat de nuit livré à Czarnowo. Pendant que Ney culbutait les faibles restes de l'armée prussienne, Bessières cernait trois escadrons de hussards, les faisait prisonniers et leur enlevait plusieurs pièces de canon.

Le premier, Bessières avait occupé Biezun, l'ennemi essaya de reprendre cette position ; il en sentait toute l'importance, puisque notre gauche voulait séparer les Prussiens des Russes.

Bessières fut attaqué dès le matin du 23, par des forces considérables. Il ne pouvait opposer que deux compagnies d'infanterie, placées près du pont. Il ordonne au général Crouchy de charger avec sa division. Le moment était critique ; l'ennemi, maître du village de Karniszyn, y avait jeté un bataillon d'infanterie. Mais la ligne ennemie ne résista pas à la charge de Crouchy; 8,000 hommes cédèrent, l'ennemi était enfoncé et jeté dans les marais. Bessières fit 500 prisonniers, prit cinq pièces de canon et deux étendards.

Le Maréchal aimant à rendre justice à la valeur des officiers fit les plus élogieux rapports sur les généraux Crouchy et Roget, et sur tous ceux qui avaient contribué à ce beau fait d'armes.

Peu après, Napoléon rentra dans Varsovie, afin d'y arrêter l'établissement de ses quartiers d'hiver. La cavalerie de Bessières fut dissoute et son chef fut remis à la tête de la cavalerie de la garde.

A la fin de janvier, il fallut reprendre les hostilités, devancées par les audacieuses excursions de Ney jusqu'aux portes de Kœnigsberg.

Napoléon comprend les véritables intentions des Russes, ordonne la fin du cantonnement et lance ses troupes à travers les plaines de la Pologne, changées en d'immenses lacs glacés.

L'ennemi nous échappe à Joukowo, où Napoléon voulait livrer bataille. Furieux de voir sa proie lui échapper, il s'élance à sa poursuite et force les Russes à s'arrêter dans les vastes plaines d'Eylau. Napoléon prend sur-le-champ ses dispositions de combat ; la garde est placée en arrière. La bataille s'engagea. Ce jour-là (8 février 1807), le ciel était sombre, la neige menaçait. Les deux armées s'étendaient sur un terrain coupé de lacs et de marais glacés. Le lutte fut ardente et malheureuse pour nous au début. Une rafale de neige aveugla nos soldats, les fit dévier de leur point de direction ; le corps d'Augereau fut complètement détruit. La position devenait critique pour nos armes. Les Russes marchaient sur le quartier général de Napoléon avec des forces énormes. Ils semblaient tenir la victoire. Mais le ciel se découvre. Napoléon, voyant immédiatement ce qui lui reste à faire, appelle Murat et Bessières, pour tenter un effort décisif. Murat s'élance le premier avec les hussards et les cuirassiers : ce fut une des plus terribles charges que l'on eût jamais vues; les deux premières lignes des Russes furent renversées, mais la troisième résistait à toutes nos attaques. Il fallut rétrograder, mais les débris des deux premières lignes s'étaient ralliés derrière elle.

Bessières s'élance alors avec les grenadiers et les chasseurs de la garde, brûlant de renouveler les exploits de Murat ; son cheval est tué sous lui, son aide de camp tombe à ses côtés. Mais le Maréchal avance toujours. Au premier choc, la cavalerie aussi est culbutée, alors l'ouragan atteint l'infanterie, fait taire le canon et par deux fois traverse les lignes russes. Les grenadiers à cheval, entraînés par Lepic, percent enfin la troisième ligne ; au retour il faut se frayer le chemin par une charge désespérée. Pendant ces exploits, 4,000 grenadiers russes sont parvenus jusqu'au cimetière d'Eylau, il est nécessaire de charger encore. Murat tombe sur leur flanc droit ; les grenadiers à pied de la vieille garde, marchant l'arme au bras, les attaquent de front : rien ne peut tenir devant eux, et les 4,000 grenadiers russes sont tués ou pris.

Cette charge brillante et inouïe, selon le cinquante-huitième bulletin, culbuta plus de 20,000 hommes d'infanterie.

A la nuit, le général russe abandonne la position, laissant 7,000 morts, seize pièces de canon, pendant que Napoléon distribuait à ses hommes un peu de pain avec de l'eau-de-vie.

L'armée avait besoin de repos, on commença la retraite le 17 pour regagner les cantonnements. Le quartier général fut posté à Osterode.

Cantonné à cinq cents lieues de la France, Napoléon comprend la nécessité de faire reposer ses soldats et d'augmenter ses bataillons diminués par ces sanglants combats et par les dures privations de ces pénibles campagnes.

Trois mois de repos sont accordés aux troupes. Bessières quitte les quartiers d'hiver en juin pour se rendre à Saalfeld. Le 9 juin, avec la garde et l'Empereur, il rentre de vive force à Guttstadt. On se dirigeait sur Friedland. C'était fermer le

LES TUILERIES. (P. 39.)

passage de l'ennemi. Napoléon, jugeant une bataille inévitable sur ce point, y concentra toutes ses forces.

L'action s'engage le 14 juin, anniversaire de Marengo. La bataille, commencée dès les premières heures du jour, reste indécise jusqu'au soir. A cinq heures Napoléon voit d'un coup d'œil la faute de l'ennemi. Il avait déployé toute son armée se mettant la rivière de l'Alle à dos.

L'Empereur résolut de les y précipiter en leur coupant les

ponts. Ney les enlève et s'établit à Friedland; l'ennemi quitta la ville en désordre ; la nuit était venue, la victoire nous restait.

La garde à pied et à cheval n'avait pas donné, mais Bessières trouva le moyen de se signaler en prenant une part personnelle à la belle charge des dragons de Latour-Maubourg, qui dégagea le corps du maréchal Ney, enveloppé un instant par l'aile gauche des Russes.

L'ennemi était vaincu. En une campagne de dix jours, il avait perdu 60,000 hommes. Son artillerie, ses munitions étaient entre nos mains. Il s'empressa de demander une trêve. Alexandre, empereur de Russie, demanda une entrevue, Napoléon la lui accorda. Elle eut lieu dans un pavillon élevé sur le Niemen neutralisé. Bessières partagea avec Duroc et Berthier l'honneur d'escorter Napoléon à l'entrevue de Tilsitt. On y commença les préliminaires de la paix. Ce fut la paix de Tilsitt, signée le 8 juillet.

Napoléon récompensa Bessières en lui accordant le domaine de Kruszwica, situé dans le département de Bromberg. C'était un des plus beaux dont l'Empereur disposait en Pologne. Il était estimé 1,051,836 francs.

Bessières regagna Paris, laissant sa garde aux soins de ses généraux, qui la ramèneront à petites journées, pour les honneurs du triomphe que Napoléon voulut ménager à ce corps d'élite.

Le 17 novembre, 10,000 hommes de la garde impériale, Bessières en tête, rentrèrent à Paris par la barrière du Nord (porte Saint-Martin), où l'on avait édifié un arc de triomphe monumental. Une foule immense les attendait. A la vue de ces braves et valeureux guerriers, portant encore sur leurs superbes chevaux les habits de guerre, ce peuple enthousiasmé applaudit, pousse des cris de joie et répand des couronnes de lauriers et des bouquets d'immortelles. Le corps municipal de

Paris, présidé par le préfet de la Seine, Puchat, vint à leur rencontre. Le préfet adressa au Maréchal une harangue emphatique qui débutait ainsi : « Monsieur le Maréchal, généraux, soldats, qui composez cette garde fidèle dont les rangs impénétrables environnent le trône, vous tous, guerriers, l'honneur de la France et l'admiration de l'Europe, suspendez un instant votre marche... »

La réponse du Maréchal fut courte, simple, mais énergique. Le préfet suspendit alors au nom de la ville de Paris des couronnes d'or aux drapeaux de la garde. La musique fit entendre l'œuvre de Méhul, le chant du retour, la foule chantait.

On arriva aux Tuileries. La garde s'y rangea en ligne de bataille. Un banquet de 10,000 couverts, offert par la ville de Paris, les attendait aux Champs-Élysées.

Le lendemain, le Maréchal Bessières offrit un banquet à tous les officiers de la garde et au corps municipal, ainsi qu'aux princes et maréchaux présents à Paris. Le jour suivant il donna un bal à la garde et à la ville de Paris, pendant qu'on tirait un feu d'artifice dans l'intérieur du Champ-de-Mars. L'opéra offrit au Maréchal et à ses soldats une représentation. On joua le *Triomphe de Trajan.*

Bessières y fut l'objet d'une ovation extraordinaire ; dès que le nom du vainqueur de l'Arménie était prononcé, les spectateurs applaudissaient et saluaient le Maréchal de nombreux vivats. On voulut le couronner sur le théâtre, comme Villars après Denain et le maréchal de Saxe après Fontenay. Mais, toujours modeste, il refusa tout hommage personnel.

Il fallut passer par le Sénat dont le président, le comte de Lacépède, le salua en ces termes : « Monsieur le Maréchal, invincible garde, le Sénat vient au devant de vous... »

« La popularité de Bessières était immense dans l'armée et dans le pays. A cette époque, nul en France ne pouvait rivaliser avec lui ; il personnifiait la vieille garde impériale (1). »

La mission dont Napoléon avait chargé Bessières en août 1807, n'avait pas peu contribué à cette popularité.

Il l'avait envoyé à la cour du roi de Wurtemberg demander la princesse Catherine, fille du roi pour Jérôme-Napoléon. Nous lisons dans une lettre de Napoléon au roi de Wurtemberg : « C'est pour en faire demande avec la solennité convenable que nous avons nommé notre cousin, le Maréchal Bessières, notre ambassadeur extraordinaire pour Votre Majesté. Nous nous remettons à ce qu'il lui dira de notre part sur le plaisir que nous nous faisons de pouvoir, en formant avec elle par cette alliance l'union la plus étroite, regarder désormais les intérêts de sa Maison comme nous étant communs avec Votre Majesté. Et nous désirons qu'elle ajoute entière foi et créance aux assurances expresses qu'il lui donnera de notre empressement à concourir à tout ce qui peut être de la satisfaction de Votre Majesté dans une occasion aussi intéressante. »

C'était donner au Maréchal une grande marque de confiance et mettre à l'épreuve ses talents de diplomate.

Bessières ramena la princesse à Paris, Jérôme l'épousa le 20 août et devint *Roi de Westphalie*.

Bessières était au comble de la faveur. Son attachement à la famille Beauharnais, son amour de la justice faillirent lui faire tout perdre. Il eut son heure de disgrâce.

Pendant que Napoléon parcourait l'Italie, les bruits sur son divorce avec Joséphine commencèrent à circuler. Bessières, qui en pareille circonstance accompagnait toujours l'Empereur, avait été retenu à Paris par les fêtes de la garde. Il fut fort étonné par ces rumeurs. Les bruits devinrent de plus en plus

1. Général Ambert, *Correspondant*, 10 oct. 1878.

forts. Il n'y tint plus ; n'écoutant que son attachement à Joséphine et à la famille Beauharnais (il avait été en Égypte le mentor d'Eugène), Bessières commit la noble imprudence de se rendre chez Fouché, cause, selon lui, de toutes ces rumeurs. Il fit au ministre de la police une scène violente. Bessières croyait que le divorce serait un acte impolitique. Ce brave cœur jugeait que l'attachement de Napoléon pour l'Impératrice était tel qu'aucune considération ne pourrait le décider à briser

LES CHAMPS ÉLYSÉES. (P. 39.)

cette union. Par conséquent, le Souverain n'était pour rien dans tous ces bruits.

Le Maréchal, content de sa démarche, attendait avec impatience le retour de Napoléon. Napoléon revint et détrompa promptement Bessières, lui reprochant ses démarches. Il le traita froidement. Mais ses succès en Espagne ramenèrent bientôt les bonnes grâces de l'Empereur.

GUERRE D'ESPAGNE

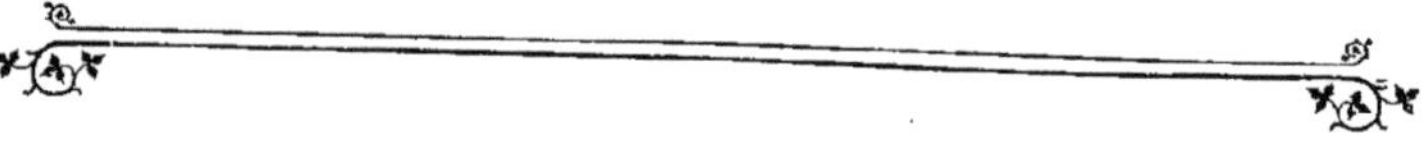

APRÈS la paix de Tilsitt, la France espérait une longue période de repos. Mais Napoléon préparait la guerre d'Espagne, guerre malheureuse, que Bessières essaya d'arrêter. Sortant un jour du cabinet de l'Empereur, on l'entendit dire : « Les Bourbons ne peuvent subsister en Europe avec un Bonaparte. » Napoléon voulait profiter des intrigues de la cour d'Espagne pour arracher la couronne des mains du vieux Charles IV, et la placer sur la tête d'un de ses frères. Ces projets ne plaisaient point à Bessières. Il supplia Napoléon de ne pas commencer cette guerre. L'Empereur, irrité, lui dit:

« — Vous êtes donc fatigué de combattre ?

— Non, Sire, mais la France a besoin de repos, et Votre Majesté ne pourrait que grandir, en s'occupant du bonheur de son peuple pendant une paix durable. »

Ces sages conseils ne furent point écoutés, la guerre fut déclarée et dès le début, Bessières fut placé à la tête du corps d'observation des Pyrénées occidentales.

C'est en février 1808 que Bessières commença à préparer la cavalerie de réserve pour l'armée d'Espagne. Poitiers fut le point de jonction des différents bataillons qui quittaient leurs casernes, habillés à neuf et munis de nombreuses paires de souliers.

Dans les premiers jours de mars, la garde arriva à Bayonne. Elle entra en Espagne, et Bessières fut à Burgos le 26 mars ; il y établit son quartier général.

Bessières avait à ce moment le commandement de toute la garde à pied et à cheval arrivée en Espagne, avec les divisions des généraux Verdier, Duhesne et Merle. Il doit surveiller le corps espagnol de la Galice, maintenir la tranquillité sur les derrières de l'armée du grand-duc de Berg qui marchait sur Madrid, et dans le pays compris entre le Douro et les Pyrénées. Cette tranquillité était difficile à maintenir. Un soulèvement général avait éclaté dans les provinces dès notre entrée sur la terre espagnole. Logrono et Valladolid étaient en pleine effervescence ; le mouvement, gagnant de proche en proche, enveloppait Burgos, coupant ses communications avec Madrid, où il devait conduire la garde avec toute la maison de l'Empereur.

Bessières résolut d'agir promptement : Lasalle, envoyé à Valladolid, culbute au pont de Cabezire 6,000 à 7,000 Espagnols, que commande le général Cuesta, et leur enlève quatre bouches à feu.

Quant au Maréchal, il franchit en neuf jours la distance de Burgos à Madrid; les troupes à pied fournissaient à travers ce pays de montagnes des étapes de dix à douze lieues, renversant les obstacles accumulés sur la route par les Espagnols.

Pendant cette invasion de nos troupes, la cour royale d'Espagne était aux abois. Le roi Charles, la reine et le prince de la Paix se décident à venir en France près de Napoléon. C'est à Bessières que Napoléon abandonne le soin de protéger leur marche, de rassurer ces malheureux monarques, et de les accueillir avec les plus grands égards.

En avril, il défend la Gaiice. Napoléon, confiant dans son habileté, ne craint pas de lui enlever une partie de ses troupes pour grossir les rangs des autres généraux, bataillant sur la terre espagnole.

L'administration douce et paternelle du Maréchal fut vite appréciée des Espagnols. Il mit rarement en exécution l'ordre donné par Napoléon : « Que le Maréchal se porte sur le pays ou village qui pourrait s'insurger ou qui aurait maltraité des soldats et des courriers, y faire un grand exemple. » Et cependant il avait le commandement de trois provinces : Navarre, Biscaye et Vieille-Castille.

Quand Napoléon s'occupa de centraliser toutes ses forces auprès de Madrid, Bessières connut ses plans et la conduite qu'il devait tenir à l'égard des anciens souverains et du Prince des Asturies: « Remuez-vous de toutes les manières; influez sur l'opinion; dirigez l'opinion sur le roi de Naples. Voulant ménager la fierté de la nation, je voudrais qu'elle me le demandât pour roi... Faites imprimer à Burgos des ordres du jour, des notes, et tout ce qui est nécessaire pour diriger l'opinion. Je vois avec plaisir que vous faites passer la cavalerie à Madrid afin de détruire les régiments de marche (1). »

Mais Bessières n'aime pas faire la guerre à coups d'imprimés. Son âme loyale et franche est indignée de tels procédés. Il fait connaître son dégoût à l'Empereur.

Celui-ci lui répond : « Mon cousin, vous dites que les pamphlets ne servent à rien en Espagne ; ce sont des contes. Les Espagnols sont comme les autres peuples et ne font pas une classe à part. Répandez en Galice et dans les environs les écrits que je vous ai envoyés (2). »

Dans les premiers jours de juin, Bessières commença son mouvement en avant à travers un pays affreux, rencontrant à chaque pas les guerriers espagnols. Sa vigueur les fait fuir. Il entre le 23 juin à Santander. Le consul français y avait été traité avec une indignité monstrueuse. Comme châtiment, Napoléon avait imposé une forte contribution. Il charge Bessières de la lever. Mais celui-ci, toujours bon, temporise, préférant laisser ce soin à d'autres.

---

1. *Correspondance de Napoléon*. Lettre du 2 mai 1808.
2. *Ibid.*

BURGOS. (P. 42.)

Il était d'ailleurs très occupé par les Anglais qui voulaient débarquer. Bessières fut assez heureux pour repousser cette tentative de débarquement.

Malgré ces succès, la situation de Bessières ne laissait pas que d'être inquiétante. Don Gregorio de la Cuesta, battu à Cabezon, avait rallié à Benavente les débris de l'armée de Castille et appelé aux armes les paysans du royaume de Léon ; de son côté, don Joachim Blake organisait à Lugo l'armée de Galice, et le peuple de cette province se soulevait en masse; les Espagnols recevaient d'Angleterre 500,000 fusils, leurs rangs se grossissaient de troupes régulières venant du Portugal, et, à la fin du mois de juin, l'armée de Galice et l'armée de Castille faisaient leur jonction à Benavente. Blake et de Cuesta annonçaient hautement leur marche sur Valladolid.

Une défaite de nos armées dans le nord de la Péninsule aurait eu pour nous les plus grosses conséquences. Il fallait vaincre à tout prix.

Bessières devance ses adversaires, il quitte Burgos le 9 juillet, et va prendre position le 13 à Ampudia avec 15,000 hommes et trente-sept canons. Ses reconnaissances lui apprennent bientôt que 30,000 Espagnols, soutenus par trente bouches à feu, occupent le plateau de Medina-del-Rio-Seco.

Bessières, pour induire ses ennemis en erreur, se fait précéder par un détachement de cavalerie, chargé de battre le pays entre les routes de Burgos à gauche et de Valladolid à droite. Le mouvement réussit parfaitement. Le 13 au soir Blake profita de la nuit, pour porter son corps sur la route de Valladolid.

Bessières arriva par celle de Burgos. Le matin, les Espagnols modifièrent leurs positions. Ils firent former deux lignes: la première, forte de 8,000 à 10,000 hommes, couverte par quinze pièces de canon, était postée sur le bord du plateau ; la seconde, composée des meilleures troupes espagnoles, se trouvait à quinze cents toises en arrière et plus à gauche avec toute son artillerie au centre. Les deux lignes immobiles attendaient l'arrivée des Français. Bessières n'avait que 10,000 hommes d'infanterie et 1,200 chevaux, sa marche rapide sur les montagnes avait mis hors de combat beaucoup de soldats.

Bessières, avec sa prudence habituelle, hésitait à attaquer; l'énorme supériorité numérique des Espagnols l'effrayait. Tout autre aurait abandonné la partie.

Mais le Maréchal avait la plus haute idée de ses soldats, il se sentait capable d'enfoncer tout ce qu'il avait devant lui avec quelques escadrons de la garde et deux vieux régiments : le 4e léger et le 15me de ligne. Bessières remarqua bien vite la faute des Espagnols. S'apercevant de la grande distance qui séparait leurs deux lignes, il conçoit le projet d'écraser la première avant que la seconde ait le temps de la secourir.

Ce plan s'exécute aussitôt : ses soldats se porteront sur le flanc de la première ligne, gravissant le plateau avec assurance sous le feu violent de l'artillerie espagnole. Bessières est arrivé à portée de fusil, il commande le feu : ses premières décharges furent très meurtrières, n'ayant cessé d'exercer ses hommes au tir depuis son arrivée en Espagne. Arrivé près de l'ennemi, le feu cesse et on l'aborde à la baïonnette; la première ligne est bientôt rompue et son artillerie enlevée. Le général Lasalle avec les chasseurs achève de les culbuter, laissant la seconde ligne à découvert.

Cette ligne, profitant du désordre que le succès avait mis dans nos rangs, prend l'offensive et s'avance pour reconquérir le plateau. Dans sa marche, elle prend une de nos batteries, tombe sur la division Mouton. Les carabiniers royaux culbutent dans un ravin les tirailleurs français, une compagnie est enveloppée et sabrée presque en entier, et il en résulte un instant de confusion. Les Espagnols, se croyant déjà vainqueurs, jettent leurs chapeaux en l'air aux cris de : *Viva el Rey !*

Leur joie fut courte. Bessières avait tenu en réserve quelques centaines de cavaliers.

Avec le général Lasalle, il s'élance à la tête de trois cents grenadiers et chasseurs de la garde. En un instant les Espagnols sont culbutés et traités comme les soldats d'Alexandre à Austerlitz. Mouton se porte au devant de ses soldats et leur crie : « Souvenez-vous que vous êtes du 4e léger ! » On lui répond : « En avant ! » et on se lance à la baïonnette sur les Espagnols. C'est une fuite éperdue, les Espagnols se débandent, cherchant à se sauver vers la ville de Medina. Lasalle poursuivit les fuyards qui, saisis, d'une indicible terreur, jetaient leurs armes en poussant des hurlements de désespoir. Ce fut un horrible massacre. Cette plaine immense était jonchée de cadavres : 4,000 ou 5,000 corps étaient là affreusement mutilés. On a reproché ce carnage au Maréchal. Il ne put l'arrêter. Le matin même de cette bataille, en gravissant les hauteurs du plateau d'où il venait de s'élancer pour assurer le triomphe, ses soldats avaient dû défiler devant les corps de leurs compagnons pendus aux arbres et portant les marques d'un raffinement de cruauté...

Dix-huit canons, un grand nombre de drapeaux, une multitude de fusils, 6,000 prisonniers restèrent en notre pouvoir. L'ennemi avait eu 900 hommes tués.

Cette bataille ne nous avait coûté que 70 morts et 300 blessés. « C'était, dit Thiers, l'heureux effet d'une attaque bien conçue et exécutée avec une grande vigueur. »

Dans la ville de Medina, où les soldats entrèrent en suivant l'ennemi en fuite, les hommes se conduisirent comme dans une ville prise d'assaut, ils voulaient se venger. La ville fut pillée, et quiconque était pris les armes à la main, était passé au fil de l'épée. Les moines qui, des fenêtres de leurs couvents, avaient tiré sur nous, ne furent point épargnés.

Cette victoire eut pour nous les plus heureuses influences. A l'arrivée de cette nouvelle, à Bayonne, le 17, Napoléon s'empressa de féliciter le vainqueur. « Cette bataille sera un

LE GÉNÉRAL LASALLE (p. [illegible])

titre de plus à votre réputation militaire. Jamais bataille ne fut gagnée dans des circonstances plus importantes; elle décide les affaires d'Espagne. » — L'Empereur énumère ensuite les différentes récompenses qu'il veut donner aux braves soldats du Maréchal. Bessières devait avoir la sienne des mains de

Joseph « qu'il venait de mettre sur le trône d'Espagne ». Six jours après, en effet, Joseph faisait son entrée à Madrid.

Napoléon lui avait écrit : « Cette victoire est très glorieuse. Témoignez-en votre satisfaction au Maréchal Bessières en lui envoyant la Toison d'Or. Cet événement est le plus important de la guerre d'Espagne (1). »

Les deux armées vaincues furent obligées de se séparer. Blake se retira dans les Asturies. Cuesta, poursuivi dès le lendemain de la bataille par Bessières, se retira vers l'Estramadure.

Napoléon aurait désiré voir Bessières occuper la Galicie et détruire définitivement l'armée espagnole ; mais, « élevé dans le service de la cavalerie, Bessières avait pour la guerre de montagnes une aversion qu'il ne dissimulait pas (2) ».

Les instructions de l'Empereur n'étant pas très précises, il se permit d'agir autrement. Après avoir poursuivi son mouvement sur Benavente, dont il se rendit maître avec les fusils, la poudre, les cartouches qui y étaient en grand nombre, il s'avança sur Astorga et Léon. Le 23 juillet, le Maréchal annonça à l'Empereur la soumission des villes et provinces de Zamora et de Léon. Hésitant à se lancer plus loin, il resta cinq jours à Léon, pour réparer son artillerie, et donner à ses troupes un repos bien mérité.

Sa troupe, forte de 16,760 hommes, dont 14,900 d'infanterie et 1900 de cavalerie y compris les 100 mameluks, était disposée en trois échelons, faisant face à ce qui pouvait arriver d'Estramadure ou de Castille et prenant les vivres dans les provinces de Valladolid, Palencia, Léon.

1. Joseph qui était assez parcimonieux, lorsqu'il s'agissait de récompenser les services rendus, même les plus grands, n'accorda jamais cette Toison d'Or, réclamée par l'Empereur. — (Masson, *Napoléon et sa famille*, t. IV, p. 262, 263.)

2. Général Foy.

Pendant les opérations de Bessières, l'armée de Dupont était obligée de capituler à Baylen, capitulation qui détermina la retraite générale de nos armées.

Le 2 août, le roi Joseph quitta en toute hâte Madrid, où la victoire de Medina venait de le faire entrer. Bessières, avec son armée victorieuse, fut chargé de couvrir cette retraite, il se retira jusque derrière l'Èbre.

La gravité de la situation exigeait impérieusement la présence de Napoléon. Il arriva en Espagne avec des renforts tirés de la Grande Armée. Le corps de Bessières devint le deuxième de l'armée d'Espagne et fut destiné au maréchal Soult. Le 9 novembre 1808, Bessières fut appelé au commandement de la réserve de cavalerie.

Il n'eut pas souvent l'honneur de commander un corps d'armée. La nature de son service le forçait à se transporter successivement sur chacun des théâtres de guerre où opérait Napoléon et à se priver d'un commandement de corps agissant isolément. Le Maréchal y avait acquis cependant de justes droits.

La réserve de cavalerie comprenait 14,000 dragons et 2,000 chasseurs.

C'est avec cette armée que Bessières prend part, le 10 novembre, à la bataille de Burgos. Le deuxième corps s'était heurté à l'armée du comte de Belvedère, postée à Gamonal en avant de Burgos. Mouton, s'élançant au pas de charge, culbuta l'aile droite de l'ennemi en un instant. L'aile gauche imita la déroute de la droite avant même d'être attaquée. Bessières prit alors avec lui les dragons de Milhaud et les cavaliers de Lasalle, et se précipita sur les fuyards sur la route de Madrid, les sabra et resta maître de toute leur artillerie.

A l'attaque d'Aranda il seconda Ney en couvrant la plaine de cavalerie jusqu'aux montagnes de Madrid. La ville prise, il y fit rentrer sa cavalerie. Alors il pouvait couronner facilement les hauteurs de Madrid pendant que Napoléon, grâces aux belles charges du général Montbrun, traversait le col de Somo-Sierra qui lui ouvrait la route de Madrid. On y arriva le 2 décembre au matin. A l'aspect de cette capitale, Napoléon s'assit un instant, la considérant avec attention. Puis il ordonna à Bessières de dépêcher un officier de son état-major pour la sommer d'ouvrir ses portes. L'aide de camp ne put y parvenir qu'avec peine. A l'une des portes de la ville, il trouva un boucher de l'Estramadure. Celui-ci prétendait qu'il ne fallait pas moins que le Maréchal Bessières lui-même et les yeux bandés, pour remplir une telle mission. Les sommations de Napoléon n'amenant aucun résultat, il fallut employer la force. Le 4 au matin Madrid se rendit, et Bessières y installa ses troupes.

Il la quitta bien vite et se mit avec 4,000 hommes à la poursuite de la division Pêna, échappée des mains de Lannes victorieux à Tudela. Il poursuivit l'ennemi jusqu'à Guadalajara. La ville ne fut pas défendue, il y entra. Un de ses premiers soins fut de placer un poste à la manufacture royale après en avoir vérifié la caisse ; elle contenait d'immenses richesses. Le lendemain Waldner, aide de camp du Maréchal, fut chargé d'aller les conduire à Madrid. Son départ ayant été précipité, on lui remit cent deux sacs de mille piastres chacun. Son bulletin n'en portait que cent. Arrivé à Madrid, l'administrateur lui dit en recevant ces cent deux sacs :

« — Je ne peux réclamer de vous que la somme officiellement annoncée. »

Waldner répondit :

« — Prenez toujours et donnez un reçu de ce que je vous donne. »

De retour près de Napoléon, Bessières apprit ce qu'on avait

dit à l'arrivée de ces cinq cents et quelques mille francs : « Le Maréchal s'est débarrassé de l'argent parce qu'il était trop lourd à porter, mais il a gardé l'or. » L'âme de ce brave « qui n'avait jamais d'argent, donnant tout aux soldats blessés » (1), fut indignée.

Le prince de Neufchatel voulut le plaisanter : « Vous voyez, Bessières, ce que l'on gagne à faire un acte d'honnête homme dans le siècle où nous vivons »; il ajouta en riant: « Croyez-moi,

LE ROI JOSEPH. (P. 51.)

mon cher Maréchal, si jamais vous trouvez une pareille occasion, ne faites plus ce métier de dupe, n'en parlez qu'à moi, nous n'en dirons rien, et nous partagerons. » — Un peu après, le général Latour-Maubourg vint au palais de l'Infantado, résidence du Maréchal. Deux sapeurs portant des sacs de piastres suivaient le général. Ces sacs avaient été remplis

1. de Bourjolly.

dans les différentes villes traversées par la division Latour-Maubourg :

« — C'est très bien, lui dit Bessières, mais l'or ? »

Le général à son tour fut indigné, et voulut se justifier. — Bessières l'arrêta :

« — Ne vous fâchez pas, mon général, je vous fais en riant le compliment qui m'a été adressé tout dernièrement et très sérieusement. »

Après avoir raconté l'affaire de Guadalajara, Bessières ajouta ces belles paroles : « — Cette injustice ne nous changera ni vous ni moi, ne nous empêchera pas de continuer à remplir nos devoirs en honnêtes gens (1) »

Nous avons interrompu le récit de la campagne de Bessières en cette fin d'année 1808 pour rapporter tout au long cette curieuse anecdote montrant si bien la belle âme de celui que Napoléon aimait plus tard à comparer à Bayard (2) : « Bessières, il a vécu comme Bayard. »

De Guadalajara, le Maréchal se rendit à Aguilas de Campo, où il voulait surprendre les Anglais, mais ceux-ci, s'apercevant de son mouvement, battirent en retraite sur Astorga.

Le premier janvier 1809, précédant Napoléon, Bessières courait à la tête de 8,000 cavaliers sur Astorga. Il y arriva le soir. La ville était dans le plus grand désordre. Le Maréchal captura 2,000 Espagnols et 500 Anglais, brûla les magasins et les bagages entassés dans cette place. Il ne s'arrêta qu'à Villafranca. Après quoi il regagna Valladolid, son quartier général.

Pendant cette course furibonde, Napoléon avait reçu des

1. de Baudus, *Étude sur Napoléon*.
2. *Mémorial Las-Casas*.

dépêches annonçant une guerre prochaine avec l'Autriche et un refroidissement avec la Russie.

Il fallut se replier sur le Nord de l'Espagne, pour être prêt à rentrer en France avec la plus extrême célérité. Le Maréchal Bessières s'avança sur Victoria, passant par Vila-

NEY. (P. 51.)

drigo, Burgos, Briviera, Miranda.

Napoléon quitta l'Espagne (15 janvier 1805) et écrivit à Joseph: « Je laisse le commandement de ma garde à Bessières, qui recevra des ordres directement de moi. Je lui ai fait connaître que je désirais qu'elle restât en repos pour être en situation de se porter sur une autre frontière, si les circonstances le rendaient nécessaire. »

Avec de tels ordres, il était difficile d'essayer la fortune des batailles. Bessières s'absorba dans la gestion des provinces abandonnées à son commandement. C'étaient les provinces de Léon, Zamora, Toro, Palencia, La Vieille-Castille, Santander, La Biscaye, Soria et Salamanque. « Avec son amour de tout voir par lui-même » (1) il ne prit guère de repos, parcourant sans cesse le Nord de l'Espagne, donnant tous ses soins aux soldats blessés. Napoléon lui écrivait : « Je vois avec plaisir que vous avez pris sur les 250,000 fr. de Toro des fonds pour l'hôpital de Burgos. »

Il ne devait pas tarder à quitter l'Espagne ; dès les premiers jours de février, il avait dirigé vers la France quelques bataillons de la garde. Kellermann avait été envoyé près de lui avec ordre de parcourir les provinces de Léon pour connaître le pays et pouvoir remplacer Bessières si cela devenait nécessaire.

Cela devint nécessaire en mars, date du départ de Bessières pour la France. Napoléon lui accorda à peine quelques jours laissés aux joies de la famille après une si longue absence.

1. de Bourjolly.

GUERRE DE PRUSSE

Il fallait préparer le corps de cavalerie devant former la réserve de l'armée d'Allemagne, corps dont Napoléon lui abandonna le commandement.

Arrivé à l'improviste à Ratisbonne, n'ayant à sa disposition qu'un ou deux aides de camp, ses divisions étaient disséminées un peu partout, il réussit cependant à réunir toute sa cavalerie, le 10 avril.

La veille, l'armée autrichienne avait passé l'Inn, commençant ainsi les hostilités. Napoléon quitta alors Paris, arriva sur le théâtre de la guerre et fit avancer ses troupes.

Bessières se dirigea sur Landshut, il y rencontra la gauche des Autrichiens, composée des corps de l'archiduc Louis et de Hiller, battus l'avant-veille à Abensberg. Bessières les aperçut se pressant dans une confusion indescriptible vers le pont de l'Isar. Il les fait aussitôt charger. Les chasseurs, conduits par Jacquinot, s'élancent sous un feu violent. Ils arrivent au pont au moment où l'ennemi y met le feu. La division Mouton, au milieu des flammes, au pas de charge, traverse le pont et culbute l'ennemi. A ce moment, le corps de Masséna apparaît sur la rive droite de l'Isar. Les Autrichiens fuyaient éperdus. Ils étaient battus une seconde fois (21 avril 1803).

A Geisenhausen, Napoléon lui adjoignit la division Molitor, et Bessières se lança à la poursuite du vaincu. Cette chasse de l'ennemi l'empêcha de prendre part à la bataille d'Echmühl. C'était au centre de la Bavière qu'il suivait les débris des corps de l'archiduc Louis et du général Hiller qui avaient encore de 40,000 à 50,000 hommes. Bessières, qui n'avait que 13,000 à 14,000 hommes, s'avançait rapidement et avec plus de témérité que d'ordinaire. L'ennemi le remarqua et, profitant de sa supériorité numérique, tenta un retour offensif.

Le 24 avril au matin, 30,000 Autrichiens repassèrent l'Inn et tombèrent subitement sur les avant-postes de la division bavaroise de Wrede en avant de Neumarkt. Jacquinot envoya immédiatement prévenir Bessières, qui répondit à l'aide de camp :

« — Dites à votre général que plus ils seront, plus nous en prendrons et que nous saurons les aplatir comme des fromages de Rocamadour [1]. »

Sur-le-champ le Maréchal arrête ses dispositions de combat. « Les colonnes autrichiennes avançant toujours, Bessières fait partir la division entière de Wrede sur les hauteurs, en avant de Saint-Weit et du défilé de Neumarkt ; les bataillons s'y rendent successivement au travers d'un pont fort étroit et sont engagés à mesure qu'ils se présentent. Le combat s'étend sur toute la ligne, une vive canonnade s'établit sur le centre; les Bavarois résistent vaillamment et font même plier les Autrichiens ; des renforts étant arrivés à ceux-ci, les deuxième et troisième colonnes venant à se déployer, la division de Wrede commençait à souffrir. Le général Molitor, qui était là avant l'affaire, court chercher ses régiments ; le 2me d'infanterie de ligne est placé dans un bois à gauche des Bavarois sur la rive droite de la Rott, le 37e en deçà et à droite pour arrêter les progrès que la troisième colonne fait de ce côté; le 2me régiment charge avec furie et culbute les Autrichiens; la division de Wrede est bientôt dégagée.

Le Maréchal Bessières juge convenable de faire reployer les troupes, trop inférieures en nombre. A midi, les Bavarois

1. Parole devenue proverbe dans tout le Lot et qui, dans le patois du pays, a encore un charme de plus « Anen lous espouti coumo de froumatche de Rocamadou ».

commencent la retraite ; de Wrede se retire sur Cucha, son mouvement est couvert par les troupes du général Molitor, qui manœuvrait avec un sang-froid et une régularité admirables. Bessières, avec sa modestie habituelle, et se sachant peu habitué à manier l'infanterie, lui avait abandonné la direction des troupes. Abnégation rarement pratiquée et cependant souvent nécessaire au milieu même du combat.

« Ce brillant fait d'armes qui, dans d'autres guerres, eût été regardé comme une grande affaire, se perdit au milieu des immenses triomphes de ces journées (1). »

Après cette belle défense, Bessières fut encore reporté en avant, il fallait atteindre et traverser l'Inn à Braunau. L'Inn fut franchi le 1er mai : après quoi Bessières se dirigea sur Ried. Le 4 au matin, il occupe la ville d'Enns avec la cavalerie légère. Ce ne fut que le 6 qu'on traversa cette rivière : Bessières passa le premier à quatre heures du matin pour se porter sur Amstetten, où on entra sans coup férir. Le corps du duc de Montebello (Lannes) le rejoignit, et Bessières forma avec lui l'avant-garde.

On passa l'Ips et l'Eslaf pour camper devant Mautern dont il fallut s'emparer après avoir obligé l'ennemi à couler son pont. Il y laissa un escadron de cavalerie avec un bataillon de voltigeurs et deux pièces d'artillerie et poursuivit sa marche en avant vers Diendorf, Nussdorf et Schoenbrunn.

Bessières arriva devant Vienne le 10 mai. Le 12, la ville capitula et nos armées y entrèrent le lendemain.

Napoléon avait 20,000 hommes sous la main. Son plan était d'attaquer sans délai les Autrichiens, les vaincre et les forcer à la paix.

Pour cela il devait franchir le Danube sans s'éloigner de

1. Général Pelet, *Mémoire sur la guerre de 1809*, t. II, p. 167.

Vienne. Napoléon choisit pour cette opération la grande île de Lobau, à une lieue au-dessous de Vienne. Le 20 il y eut un pont jeté sur le premier bras du Danube, large de quatre cents mètres. Il avait été fait avec ce que l'on avait pu trouver dans Vienne, le matériel des ponts de l'armée faisant défaut. Au delà de l'île, il n'y avait qu'un bras d'une soixantaine de mètres, et sur la rive gauche, on ne voyait que quelques tirailleurs. La position était admirablement choisie, puisque cette île, « faisant un coude rentrant, offrait un débouché très avantageux au milieu de la plaine, qui s'étend entre Aspern et Essling ».

Bessières commandait la cavalerie de l'armée: deux divisions de cavalerie légère, celles de Lasalle et Marulaz, et deux divisions de grosse cavalerie, celles d'Espagne et Nansoûty. Ce n'étaient que quarante-huit escadrons contre cent vingt-huit escadrons autrichiens qui passaient pour la plus belle cavalerie d'Europe. Napoléon, afin de restreindre les ordres à donner,avait placé toute la cavalerie sous le commandement direct de Lannes, ce qui lui subordonnait le Maréchal Bessières. Subordination qui permit au duc de Montebello d'assouvir sa vengeance contre le duc d'Istrie. Il ne lui avait jamais pardonné d'avoir plaidé la cause de Murat près de Napoléon, pour le mariage avec Caroline Bonaparte qu'il convoitait, lui aussi. Bessières, très en faveur auprès de l'Empereur pendant les campagnes d'Égypte et d'Italie, avait vanté les qualités militaires et morales de Murat, son ami, son compatriote et son compagnon à la garde constitutionnelle. C'était son droit.

Marbot, qui avait épousé toutes les querelles de Lannes dont il était l'aide de camp favori, nous rapporte très au long la vive altercation qui eut lieu entre ces deux maréchaux, à la bataille d'Essling, que la division Molitor avait commencée le 20 à six heures du soir. Après avoir traversé le pont suivie de la cavalerie de Lasalle, elle franchit le fossé, et culbuta les avant-postes ennemis. La lutte venait ainsi de s'engager, lorsque le grand pont se rompit pour la première fois; il ne fut rétabli que le 21 à trois heures du matin, et le passage se trouva ainsi considérablement retardé. Le 21, l'action recommençait dans des conditions défectueuses. Nous n'avions que 25,000 hommes sur l'autre rive. C'était Masséna avec les

LANNES, DUC DE MONTEBELLO. (P. 59.)

divisions Molitor et Legrand, occupé à mettre Aspern en état de défense. Lannes était à Essling. Bessières formait le centre avec trois divisions de cavalerie et une partie de l'artillerie qu'il déploya entre Aspern et Essling.

Nous luttions depuis le matin, lorsqu'une seconde rupture du grand pont faillit nous faire perdre la bataille. Nos troupes fatiguées ne pouvaient plus attendre de secours. Masséna, isolé dans Aspern avec 7,000 hommes, voyait devant lui 36,000 Autrichiens. Lannes luttait avec vigueur dans Essling. Voyant les Autrichiens exécuter un mouvement, le corps de Hohenzolern, appuyé par la cavalerie du prince de Lichtenstein, arrivait en effet au centre du champ de bataille. Il voulut les faire charger par toute sa cavalerie.

Lannes, qui sait garder rancune, même sur un champ de bataille, fait ordonner à Bessières, sans tenir compte de son grade et de ses qualités, *de charger à la tête des cuirassiers et de charger à fond.* Deux aides de camp sont envoyés, mais n'osent pas répéter mot à mot l'ordre de Lannes. Marbot est appelé en troisième lieu pour porter le même ordre : « Je lui ordonne de charger à fond. »

Marbot lui-même était navré d'avoir un tel ordre à porter ; il partit, désirant qu'un des nombreux boulets qui tombaient autour de lui, abattît son cheval, lui donnant ainsi une bonne excuse pour ne pas remplir sa pénible mission, tant il trouvait blessantes les expressions de Lannes employées vis-à-vis d'un autre maréchal.

Marbot dut cependant répéter, en présence d'un nombreux état-major, l'ordre de Lannes, Bessières n'ayant pas voulu l'entendre en particulier et lui ayant ordonné de parler haut. « Quoique blessé de cette dernière expression, dit Thiers, Bessières, n'ayant pas l'habitude de charger autrement, s'ébranla avec le général Espagne à la tête de dix escadrons de cuirassiers. Lasalle fut laissé en réserve. »

Au premier choc, ils enlèvent l'artillerie ennemie, tuent les canonniers sur leurs pièces, se précipitent sur l'infanterie dont ils sabrent plusieurs carrés. La première ligne autrichienne est enfoncée.

Ils cherchent à atteindre la seconde, mais rencontrant les trente-deux escadrons du prince de Lichtenstein, — surpris dans le désordre qui suit une charge victorieuse, ils sont vigoureusement ramenés. Lasalle vole à leur secours. Le tumulte est à son comble ; le brave général Espagne est tué, Bessières, placé au premier rang avec de Bandus, son aide de camp, est assailli et cerné par les hulans. Il fait feu de ses deux pistolets, commence à manœuvrer son sabre pour se défendre ; mais les chasseurs de Lasalle ont vu leur Maréchal en danger, ils volent à son secours. Ramené au milieu des siens, il les rallie et charge de nouveau avec les deux divisions. Ses efforts sont vains ; accablés par le nombre, les cavaliers reculent. Cependant, l'infanterie autrichienne était arrêtée et notre centre préservé.

Mais Lannes, dont la situation est critique, n'est pas encore satisfait des heureux résultats de Bessières, il le presse impérieusement de tenter un nouvel effort.

Celui-ci multiplie ses attaques furieuses, mais la cavalerie légère est épuisée et les cuirassiers ont déjà perdu le tiers de leur effectif.

Heureusement, les renforts arrivent, le pont étant enfin réparé. Bessières, avec les cuirassiers de Nantsouty et la division Marulaz, reprend le combat avec fureur ; l'infanterie est de nouveau renversée, la cavalerie autrichienne vient la venger, elle rencontre le 23e chasseurs et les cuirassiers qui la forcent à reculer.

Le soir vint et mit fin au combat. Les charges héroïques de Bessières avaient amené un résultat définitif : l'archiduc Charles, désespérant de nous jeter dans le Danube, rétrogradait [1]. Bessières, sans avoir les « emportements, les envolements, les coups d'ailes d'un Murat, avait montré dans la circonstance une fermeté indicible de volonté, qui, des hommes d'élite qu'il commandait, pouvait tout obtenir [2] ».

1. Le récit de cette bataille est fait d'après Thiers et Thoumas.
2. Frédéric Masson, *Cavaliers de Napoléon.*

Arrivant à Aspern, quartier général de Napoléon, Bessières, reconnut Marbot, et lui dit :

« — Ah ! c'est vous, Monsieur... Si ce que vous avez dit tantôt provient de vous seul, je vous apprendrai à mieux choisir vos expressions en parlant à vos supérieurs ; et si vous n'avez fait qu'obéir à votre maréchal, il me rendra raison de cette injure, et je vous charge de le lui dire (1). »

Lannes, qui venait d'arriver, s'élance à ces mots devant Bessières :

« — Je vous trouve, dit-il, bien osé de gronder un de mes aides de camp. Celui-ci vient d'être blessé deux fois en Espagne, tandis qu'il est de prétendus militaires, qui de leur vie n'ont reçu aucune égratignure, et n'ont fait leur avancement qu'en espionnant et dénonçant leurs camarades. Et que reprochez-vous à cet officier ?

— Monsieur, votre aide de camp est venu me dire que vous m'ordonniez de charger à fond. Il me semble que de telles expressions sont inconvenantes.

— Elles sont justes, Monsieur, et c'est moi qui les ai dictées ! L'Empereur ne vous a-t-il pas dit que vous étiez sous mes ordres ?

— L'Empereur m'a prévenu que je devais obtempérer à vos avis.

— Sachez, Monsieur, que dans l'état militaire on n'obtempère pas, on obéit à des ordres ! Si l'Empereur avait la pensée de me placer sous votre commandement, je lui offrirais ma démission, mais, tant que vous serez sous le mien, je vous donnerai des ordres et vous obéirez ; sinon, je vous retirerai la direction des troupes. Quant à charger à fond, je vous l'ai prescrit, parce que vous ne le faisiez pas, et que, depuis ce

1. Marbot, *Mémoires de Marbot*, t. II, p. 190-191.

matin, vous paradiez devant l'ennemi sans l'aborder franchement... (!)

— Mais ceci est un outrage ! vous m'en rendrez raison.

— A l'instant même, si vous voulez, répondit Lannes en portant la main à son épée. »

Bessières fit le même geste, mais le vieux Masséna survint, s'interposa entre les deux adversaires : « — Je suis votre an-

WAGRAM. (P. 70.)

cien, leur dit-il, vous êtes dans mon camp, je vous somme donc au nom de l'Empereur de vous séparer sur-le-champ. »

Ils obéirent à la parole de « l'enfant chéri de la victoire » et regagnèrent leur état-major.

Tout ici est à l'honneur de Bessières. Il faudrait prendre une à une les paroles de Lannes pour montrer combien elles sont injustes.

Bessières, dans toutes les belles charges où nous l'avons vu toujours à la tête des siens, eut le bonheur de n'être point blessé. Qui donc peut lui en faire reproche ?

Quant à son avancement, il est bien dû à ses hauts faits d'armes, à ses talents militaires pour manier la cavalerie, talents reconnus par Napoléon lui-même, dès la campagne d'Italie : « il semble deviner la tactique, je ne le perdrai pas de vue ».

Ses dénonciations ? Est-ce une dénonciation de rapporter des faits exacts, quand on est à la tête d'un conseil d'administration ?

Voici ce qui s'était passé : Lannes, afin d'embellir le costume de la garde consulaire, dont il était commandant en chef, avait dépassé de 300,000 francs le crédit alloué pour l'équipement de ses soldats. Bessières, effrayé de la responsabilité qui pouvait lui incomber comme commandant en second du conseil d'administration, prit l'avis de Murat. Celui-ci, moins discret, dénonça les dépenses de Lannes au premier consul, qui voulut donner un exemple. Malgré son amitié pour Lannes, il lui enleva le commandement de la garde consulaire, l'obligea à restituer les sommes déboursées, et l'envoya en disgrâce à Lisbonne comme ambassadeur.

Seconde cause de la colère de Lannes contre Bessières, qui dans le fait, comme dans l'histoire du mariage de Caroline, n'avait nullement dépassé ses droits et avait agi avec la plus grande justice.

Sa prétendue parade devant l'ennemi n'était qu'une affaire de tactique. Depuis 1795, il avait appris à distinguer le moment le plus favorable pour une charge. Cet instant arrivé, on a vu avec quelle bravoure il s'élança, et quels succès couronnèrent son entreprise.

Succès qui arrachent au général Pelet les exclamations

suivantes : « Comment Bessières fit-il de si grandes choses ? Ce fut avec une seule division de cuirassiers : celle du général Espagne, qui y mourut glorieusement ainsi que trois de ses colonels ; avec la cavalerie légère de Lasalle si brillant et si terrible au milieu des combats, que la mort épargnait encore pour quelques instants... Bessières, Espagne, Lasalle ! Vous, dont la vie illustrée par tant d'actions éclatantes fut terminée au milieu de tant de dévouement et de bravoure, la patrie vous décerne des statues. Elle les cherche vainement. L'histoire, plus équitable que vos contemporains, vous élèvera des monuments qu'on ne pourra faire disparaître (1). »

Mais revenons à la bataille du lendemain ; elle reprit dès l'aube du 22 mai, avec une ardeur extrême de part et d'autre. Pendant la nuit, les troupes, traversant le Danube, étaient venues renforcer les combattants de la première journée.

Bessières avait les mêmes positions que la veille, il formait la seconde ligne. Lannes était parvenu à refouler les Autrichiens au delà d'Essling. L'archiduc Charles, voyant la victoire lui échapper, prend en main le drapeau d'un régiment et cherche à rallier ses soldats. Mais Bessières a jugé le moment favorable pour une charge. Il s'élance sur l'infanterie avec ses cuirassiers, culbute le corps de Hohenzollern, enfonce plusieurs carrés, fait un grand nombre de prisonniers, se rend maître des canons et des drapeaux de l'ennemi.

Mais il fallut s'arrêter. Le grand pont venait de se rompre pour la troisième fois, les munitions allaient faire défaut. Napoléon donna l'ordre de rétrograder.

L'archiduc Charles, averti de la rupture du pont, reporte ses troupes en avant. « Bessières s'élance sur les Autrichiens au triple galop avec ses régiments de cuirassiers, les Au-

1. Général Pelet, *Mémoire sur la guerre de 1803*, t. III, p. 308.

trichiens plient, mais leur cavalerie ramène la nôtre [1]. »

C'est alors au tour des chasseurs de Marulaz et de Lassalle, et, pendant quelques instants, 15,000 cavaliers, avançant et reculant, se sabrent avec acharnement.

Les charges multipliées de Bessières arrêtent le mouvement des ennemis, tandis que Lannes, assis sur le bord d'un fossé, est atteint par un boulet qui lui brise la rotule d'une jambe et déchire le jarret de l'autre.

Bessières accourt près du blessé, « sert sa main défaillante, mais en détournant la tête de peur de l'offenser par sa présence [2] ».

Bessières remplaça Lannes à la tête du centre et de la droite. — A ce moment, Rapp, aide de camp de l'Empereur, lui amène deux bataillons d'infanterie et les fusiliers de la garde. Ils arrivaient bien, le danger était grand pour le Maréchal. — L'ennemi voulait emporter Essling, et commençait à l'envelopper. — Bessières devine le plan de l'ennemi ; il fait alors charger Mouton et les fusiliers de la garde. Mais, s'étant approché plus près des lieux, il voit le danger entre Essling et le Danube. Bessières n'hésite pas alors à modifier la direction indiquée par l'Empereur. Son mouvement, une charge suprême sur l'ennemi, le chasse d'Essling, où les nôtres, enveloppés de toutes parts, étaient sur le point de succomber.

Enfin, les combattants, épuisés par trente heures de combat, s'arrêtent, et Napoléon se décide à faire rentrer l'armée dans l'île de Lobau. La cavalerie qui avait été la plus éprouvée dans ces deux journées, se retira la première, Masséna rentra

1. Général Thoumas, *Les grands cavaliers du premier Empire.*

2. Thiers. Marbot, fidèle à son plan de taire toutes les belles actions de Bessières, ne dit pas un mot de cette noble démarche du duc d'Istrie, et ne parle pas davantage des glorieuses charges de ces deux journées.

le dernier après le passage de tout le matériel de guerre et du dernier blessé.

Rentré dans l'île, Napoléon réunit ses maréchaux pour délibérer sur la situation. Masséna, Berthier, Davout et Bessières étaient là. Bessières désirait rester dans l'île. Ce fut l'avis de Napoléon.

MACDONALD. (P. 70.)

Pendant tout le mois de juin on accumula dans l'île de Lobau d'immenses approvisionnements. Napoléon changea cette île en une forteresse d'où il pouvait déboucher à son gré sur l'une ou l'autre rive.

Bessières alla établir sa cavalerie à Penzinc. A l'arrivée de l'armée d'Italie, on fit les préparatifs pour passer toutes les troupes sur la rive gauche du Danube.

Le 5 juillet, toute l'armée avait quitté Lobau et s'apprêtait à attaquer l'ennemi. L'armée bordait dans toute son étendue la ligne des hauteurs de Wagram. Bessières formait la troisième ligne avec les cuirassiers de Nansouty et la cavalerie de la garde.

L'action fut engagée dès le soir du 5 juillet pour reprendre le lendemain avec la plus grande vigueur.

Le Maréchal Bessières avait l'ordre de préparer la formidable attaque dirigée sur le centre autrichien par la colonne de Macdonald. Il devait balayer le terrain où devait s'établir la grande batterie de cent canons qui allait foudroyer l'ennemi.

Les succès sont d'abord pour les Autrichiens, ils furent bien courts. Bessières arrive à chasser l'ennemi de la position convoitée pour établir son artillerie. Les Autrichiens sont bien vite ébranlés par nos cent bouches à feu, dont le tir était des plus réguliers. Bessières profite de ce premier désordre pour les charger avec les régiments de cuirassiers et de carabiniers de Nansouty. Il se jette sur les carrés autrichiens, passe entre la cavalerie de Lichtenstein et l'infanterie de Kollowrath. Subitement il commande de tourner à droite, et fond comme une avalanche sur l'artillerie autrichienne en avant d'Aderklacc. Mais Bessières, pris en flanc par deux régiments autrichiens, est arrêté dans son élan, et forcé de reculer. Ayant réussi à rallier tous ses hommes, un peu en arrière, Bessières s'apprêtait à tenter une nouvelle charge, lorsque son cheval est emporté par un boulet, lui-même tombe sans connaissance. Ses soldats le croient mort, un frémissement parcourt les rangs, plus d'un sent ses yeux humides; ayant au cœur le désir de venger leur chef aimé, ils s'élancent, fondent sur l'ennemi, le mettent en déroute et nous assurent la victoire.

L'ennemi battit en retraite. Mais Napoléon ne pouvait le poursuivre, il se rendit près de son cher blessé: « — Bessières, lui dit-il, le boulet qui vous a frappé a fait pleurer ma garde ; remerciez-le, il doit vous être bien cher. Votre blessure me coûte 20,000 prisonniers que nous aurions faits si vous fussiez resté à la tête de ma cavalerie, il lui a manqué un chef. Sans ce malheureux coup de canon, c'en était fait de la monarchie autrichienne (1) ! »

Napoléon, écrivant le lendemain à l'Impératrice Joséphine, s'empressa de lui parler de la blessure du Maréchal, et pour calmer ses craintes et celles de Mme Bessières il ajouta : « la blessure est très légère ».

La blessure n'était pas mortelle, mais la commotion avait été si forte qu'il ne put se tenir à cheval et prendre part aux dernières opérations de la campagne. Napoléon le renvoya à Paris. Il y arriva dans les premiers jours d'août.

1. De Baudus, *Étude sur Napoléon.*

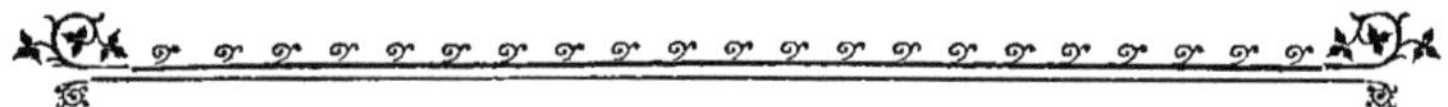

FLESSINGUE

AVANT de le suivre sur un nouveau champ de bataille, voyons les titres du Maréchal Bessières.

En mars 1808, Napoléon lui avait donné le titre de duc d'Istrie, titre confirmé par lettres patentes du 28 mai 1809.

Il était grand aigle de la Légion d'honneur, commandeur de la Couronne de fer, grand' croix des ordres du Christ du Portugal, de Saint-Henri de Saxe, de l'Aigle d'or de Wurtemberg, de Saint-Léopold d'Autriche.

Décorations qu'il portait, s'il faut en croire Davout, avec autant de dignité que de distinction. Car le prince d'Eckmül demande parfois à sa femme des renseignements sur la manière dont Bessières s'agrafe telle ou telle décoration. Il était président à vie du collège électoral de la Haute-Garonne.

Que rapportait tout cela ? la somme annuelle de 263,000 frs. C'était encore bien peu si l'on considère le genre de vie que Napoléon commandait à ses généraux.

Le nouveau théâtre sur lequel nous allons le suivre sera le Nord de la France. Les Anglais préparaient contre Anvers une formidable expédition.

Bernadotte, en disgrâce depuis Wagram, avait été mis à la tête d'une armée formée à la hâte pour repousser l'attaque anglaise. Mais Napoléon, n'ayant en lui qu'une demi-confiance, s'empressa d'y remédier.

Il envoya de Schœnbrunn des ordres à Bessières convalescent, ayant soin de les faire précéder de phrases de ce genre : « si le duc d'Istrie est en santé ; s'il se porte bien. »

Le Maréchal fit taire les douleurs physiques, et pressa la formation des 30,000 gardes nationaux que Napoléon avait fait lever. Il porta son quartier général à Lille.

Bessières prit la succession du duc de Conegliano et commanda la réserve de l'armée du Nord composée de trois divisions de gardes nationales, chacune de 6.000 hommes, de vingt-quatre pièces de canon, et d'un détachement de 500 hommes de cavalerie (22 août 1809).

En septembre, il prit le commandement de l'armée du Nord.

ANVERS. (P. 74.)

La conduite de Bernadotte devenant de plus en plus inquiétante, Napoléon l'avait rappelé à Paris, et écrit à Bessières : « Je suis bien aise, mon cousin, de vous savoir à la tête de mon armée du Nord. »

La position de Bessières était critique: Flessingue avait été prise, les Anglais étaient entrés dans l'Escaut, nos côtes étaient attaquées sur tous les points.

Napoléon savait tout cela, aussi voulait-il là un homme digne de toute sa confiance et ayant donné des preuves de ses talents militaires. Bessières voulut se montrer digne de la confiance impériale.

Il commença par fortifier Anvers, en parcourant les remparts front par front, bastion par bastion, examinant le tout en détail en faisant lui-même la carte de toutes les fortifications.

Le Maréchal s'occupa de dresser ses plans pour la reprise de Flessingue et de Walcheren. Mais Bessières, « excellent officier de cavalerie, entendant parfaitement cette arme, en ayant fait un usage exclusif, ne possédant pas la tactique des sièges (1) », conclut à l'impossibilité de reprendre ces deux îles.

Napoléon fut d'un avis contraire. Connaissant ce pays, il dressa lui-même de nouveaux plans et les envoya au duc d'Istrie. « Du 15 au 20 novembre, disait-il, il faut réunir 28,000 hommes dans l'île de Walcheren, prendre Middelbourg, investir Flessingue. »

Le programme était lourd. Bessières le suivit point par point et Napoléon put envoyer le 3 janvier 1810, l'ordre de prendre possession de Walcheren en son nom. Ce nouveau succès allait le renvoyer vers de nouveaux périls.

1. Lettre de Napoléon au ministre de la guerre. *Correspondance de Napoléon.* Année 1807.

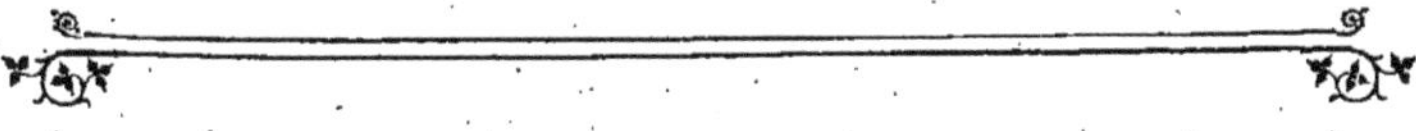

PARIS. — DEUXIÈME GUERRE D'ESPAGNE

Au milieu de janvier 1810, le duc d'Istrie abandonna l'armée du Nord et revint à Paris.

Il prit le commandement de la garde impériale, en attendant celui d'un corps d'armée dans l'Espagne.

Une des premières visites de Bessières, rentré dans la capitale, fut pour la Malmaison. Joséphine s'y était retirée depuis son divorce prononcé le 15 décembre 1809. Le Maréchal s'y montra assidu à faire sa cour à l'Impératrice répudiée.

Napoléon le sut et, loin de lui en témoigner de l'humeur, il lui dit avec bonhommie : « — Bessières, je veux vous rendre votre visite ; attendez-moi donc à Grignon. »

L'Empereur tint parole, et quelques jours après, accompagné d'une suite nombreuse, il prenait le chemin de Grignon, propriété du duc d'Istrie, pour y passer deux jours. On voyait dans son escorte: le roi de Bavière, les reines de Naples et de Hollande, la grande-duchesse de Bade, le prince de Neufchâtel, le grand-maréchal Duroc, les maréchaux Moncey et Davout. Les princesses avaient encore leurs dames d'honneur, et les maréchaux leurs aides de camp.

En descendant de voiture, l'Empereur s'abandonna au plaisir de la chasse. Le château était au milieu d'un immense parc, riche en gibier. Napoléon, mauvais chasseur, — il ne prenait pas le temps de tirer, jetant son coup de fusil au hasard, — abattit quelques faisans et un bon nombre de perdrix, mais en manqua plus encore. Un officier des chasses qui suivait l'Empereur s'écriait chaque fois que Napoléon manquait une pièce : « Cuisse pendante ; aile cassée ; fortement blessée. » A la fin, Napoléon, impatienté par ces paroles de flatterie, s'écria;

« — Aile cassée, eh bien! allez la chercher. » Il eut été difficile de l'atteindre, la bête s'en allait à tire d'aile. Le courtisan balbutia : « — C'est juste, Sire, je me suis trompé. »

Après trois heures de chasse, l'Empereur se retira dans ses appartements et ne reparut que pour le dîner.

Caprice ou oubli, Napoléon se mit à table sans remarquer que lui, souverain, n'avait pas fait l'honneur à la duchesse d'Istrie de l'inviter à prendre place à la table impériale. Loin de la dédommager de cette singulière distraction dont il s'aperçut bien vite, Napoléon se montra d'une humeur détestable envers la Maréchale qui le servait en silence.

Le repas terminé, l'Empereur, se levant de table, demanda à jouer comme des enfants au furet du bois joli.

Tous acceptèrent la proposition impériale. Ce jeu exige une pièce de ruban. On la demanda à la duchesse, qui, malheureusement, n'en avait pas une. Elle partit à la recherche de la pièce de ruban, elle eut recours à toutes les princesses, les suivantes bouleversèrent les toilettes. Enfin, la princesse Borghese eut le bonheur d'en découvrir une. Ces recherches avaient été longues et avaient impatienté Napoléon ; aussi l'accueillit-il durement lorsqu'elle se présenta armée du ruban :

« — Depuis le temps que vous me faites attendre, vous auriez dû couper toutes vos robes.

— Sire, répondit cette excellente femme, je l'eusse fait que cela ne vous aurait pas donné une pièce de ruban. »

De Baudus, qui nous a conservé le récit de cette journée, se demande pourquoi Napoléon agit ainsi envers une femme d'une réputation admirable et bien méritée qui, partageant les nobles sentiments de son époux, n'avait point attendu son retour, pour aller porter ses consolations à l'auguste exilée de la Malmaison.

On s'amusa beaucoup avec le furet du bois joli, Napoléon

animait tout. Son esprit pétillant provoquait l'hilarité générale.

L'amusement terminé, le maréchal Bessières présenta ses aides de camp à l'Empereur. Napoléon les interrogea les uns après les autres, s'informa de leurs services, de leurs familles. Quand vint le tour du dernier, le plus jeune d'entre eux, l'empereur, après l'avoir regardé fixement, se tourna vers Bessières et lui dit :

« — Mais n'est-ce pas ce gaillard-là qui, sur la route de Wels, vint me faire un rapport inexact sur la direction que vous aviez fait prendre à la cavalerie ?

— Non, Sire, répondit vivement le Maréchal, l'officier dont Votre Majesté se rappelle une regrettable erreur n'est pas à Grignon.

— Cependant, reprit Napoléon, je crois bien le reconnaître; ma mémoire ne me trompe pas. »

A la fin de la représentation, l'Empereur s'adressa à la Maréchale et lui demanda un bal. Bon gré mal gré, il fallut danser. Il contraignit le roi de Bavière, vieux et obèse, à entrer en lice. « — Roi de Bavière, dansez, » lui dit-il, et le vieillard s'empressa d'obéir, provoquant l'hilarité du monarque, tant sa démarche avec sa danseuse était lourde. La duchesse de Basano, qui affirmait avoir dit un adieu éternel à la danse depuis un demi-siècle, se défendit en vain. « — Madame la duchesse, je choisirai votre danseur. »

Il revint à l'instant, conduisant par la main le maréchal Davout, grand homme de guerre, mais fort mauvais danseur.

Lui-même pria Mme Bessières de lui faire l'honneur de l'accepter pour cavalier ; il fit avec elle quelques tours de valse pendant que l'orchestre donnait l'air de la Monaco, morceau de prédilection de l'Empereur.

Le bal se termina par la figure du Grand-Père, qui faisait les délices de la jeunesse de 1810.

Le lendemain l'Empereur fut tout autre. Il se montra d'une extrême amabilité pour chaque personne, cherchant à deviner les moindres désirs et accordant grâces et faveurs.

La matinée se passa comme la veille, on courut le parc, tout adonné aux plaisirs de la chasse. Arrivant près du château, Napoléon s'arrêta à examiner l'extérieur de cette construction du financier Law. Ce nom fournit à l'Empereur l'occasion d'exposer le système du célèbre aventurier. Sa pensée étincelante éclairait tout. Il semblait planer sur les événements passés ; montrant la révolution préparée par la cour, par la noblesse (1), et par les classes éclairées, et termina sa causerie par ce cri : « Et cette révolution qui l'arrêtera ? »

Le soir vint, Napoléon ne demanda pas un second bal ; il tenait tout le monde sous le charme de sa conversation ; il abordait toutes les questions, sauf celles de la guerre. Il voulait se donner un véritable congé, peut-être aussi craignait-il les reproches de ces épouses qu'il condamnait à vivre si longtemps privées de leurs maris exposés à tant de dangers ?.

Après avoir récité des vers de Corneille en les tronquant quelque peu, il ajouta : « Si Corneille vivait, je le ferais prince, entendez-vous, prince d'Ekmülh, je mettrais sa plume à côté de votre épée. »

Puis, passant à Racine, l'Empereur dit en souriant: « Racine a fait un plan de campagne pour *Mithridate* qui est beau comme récit, mais absurde comme opération militaire ; les écrivains devraient éviter ces écueils ; que chacun fasse son métier ; c'est comme si un maréchal tournait des vers ! »

La reine de Naples, sœur de l'Empereur, se permit de dire :

1. Taine, dans les *Origines de la France contemporaine*, donne les mêmes causes pour la Révolution, l'abandon de la campagne pour la cour, — le peuple laissé à lui-même, ne sachant plus respecter les maîtres qu'il ne voit plus.

« — Mais César était orateur et même écrivain.

— César, César, reprit Napoléon, était un très grand homme, ce qui ne l'a pas empêché d'ignorer une chose importante pour qui veut gouverner : c'est qu'il faut se débarrasser de ses adversaires avant qu'ils ne se débarrassent de vous. César aurait dû faire arrêter Brutus, Cassius et ses complices. Rome et les provinces eussent applaudi. »

Le lendemain dès l'aube, Napoléon donna l'ordre du départ, surprenant toutes les dames par un réveil si matinal. Elles n'eurent que le temps de passer une robe (1).

A quelque temps de là, Bessières éprouvait à nouveau la confiance de l'Empereur. Il fut nommé commandant et gouverneur de la place de Strasbourg pour faire les honneurs de cette ville à Marie-Louise d'Autriche, qui devait devenir, le 2 avril, l'Impératrice des Français.

Quand on avait voulu nommer un personnage à ce poste, plusieurs noms furent prononcés. On voulait choisir un homme de cour, pour recevoir Marie-Louise à son entrée sur la terre de France. Napoléon trancha la difficulté : « Bessières ira recevoir l'Impératrice ; elle verra en même temps un homme de guerre, un gentilhomme et l'honneur en personne. »

La fin de l'année se passa à Paris, occupé à réformer la garde, à compléter l'instruction militaire des jeunes recrues. Des gardes nationales demandaient à continuer de servir dans l'armée. Napoléon ne veut les garder que si ces hommes lui en expriment le vœu par une adresse en s'engageant à un service définitif. Un général s'empressa de faire signer cette adresse par les gardes nationales de sa division, en sollicitant même la faveur d'être envoyés à l'armée d'Espagne : « Général, écrivit Bessières, cette offre généreuse ne doit point être

1. De Baudus, *Étude sur Napoléon*, t. I, p. 44.

acceptée. Ce dévouement est une ressource précieuse ; il faut se la conserver entière en n'abusant pas du bel élan dont les départements du Nord viennent de donner l'exemple. »

On allait avoir bientôt besoin de ces précieuses ressources. La guerre d'Espagne traînait en longueur. Notre situation y était mauvaise. Les provinces étaient en pleine insurrection. Les guerillas massacraient les hommes isolés, enlevaient nos convois.

Pour mettre fin à cette situation Napoléon envoya (8 janvier 1811) Bessières prendre le gouvernement de la Vieille-Castille et du royaume de Léon. L'armée du Nord de l'Espagne fut organisée, Bessières en reçut le commandement (15 janvier) avec mission d'assurer les communications de l'armée du Portugal par Salamanque et Almeida, d'appuyer Masséna et de lui porter secours.

Son arrivée en Castille fut regardée par les Espagnols comme un événement heureux. « Il fut accueilli, dit le général Guillabert, avec enthousiasme par l'armée et les habitants ; je puis dire que si nous le chérissions tous, il n'était pas moins aimé de toute la population : sa bonté, sa justice, son désintéressement et sa probité étaient passés en proverbe chez les Espagnols, comme sa bravoure dans l'armée [1]. »

Lorsqu'il arriva à Valladolid, il visita les prisons, rendit la liberté à tous ceux que des mesures arbitraires ou trop rigoureuses y retenaient. Il s'empressa de faire restituer aux familles les objets enlevés par les soldats.

Traversant, un jour, un village qu'une contribution de guerre venait de ruiner, il fut entouré par les habitants en larmes,

1. Général Guillabert, en service au 2e régiment de tirailleurs de la Garde impériale en 1811.
(Paroles prononcées au discours d'inauguration de la statue de Bessières. Preyssac 5 avril 1846.)

qui imploraient sa protection. Que faire ? Renouveler l'acte de S. Martin, l'ancien soldat des Gaules. Donner ses propres richesses. Sur-le-champ le Maréchal dit à son aide de camp :

« — Ouvrez ma caisse particulière, et donnez tout ce que j'ai à ces malheureux. »

L'officier voulut formuler une objection, Bessières l'arrêta :

MASSÉNA. (P. 80.)

« — Mais vous ne voyez donc pas leurs souffrances ? »

Tant de générosité émut l'âme des Espagnols qui longtemps gardèrent le souvenir du Maréchal.

Bessières n'agit pas avec moins de bonté à l'égard des moines. Les couvents s'étaient armés pour défendre le sol espagnol, il fallait les supprimer ; Bessières y mit la plus grande modération, apportant tous ses soins à la conservation de l'argenterie et des vases sacrés qu'il faisait transporter dans les églises des villes et bourgades. Les moines n'oublièrent point ces bienfaits. On vit parfois ces religieux si prompts à attaquer nos soldats, braver la fureur du peuple espagnol pour défendre des officiers blessés, laissés à leurs bons soins par le Maréchal Bessières.

La situation de Bessières était loin d'être brillante. Il arrivait à grand' peine à nourrir ses hommes. Cette disette de subsistances amenant sans cesse des difficultés presque insurmontables, il s'était résigné à disperser ses troupes, préférant réduire ses moyens d'action plutôt que de voir ses soldats exposés à de trop grandes privations et incapables de tenter la chance des combats si l'occasion se présentait.

Masséna allait la lui présenter. Celui-ci, en mars, quitta Santarem pour les frontières d'Espagne; il arriva le 5 avril à Ciudad-Rodrigo, en avertit Bessières, l'informant qu'il avait pris pour ses soldats 200,000 rations de biscuit sur les approvisionnements de cette place.

Bessières n'avait point attendu cette lettre de Masséna pour lui préparer, dans les provinces de Salamanque et de Ciudad-Rodrigo, tout ce dont il pouvait avoir besoin,

De Baudus, le fidèle aide de camp du duc d'Istrie, fut envoyé vers Masséna. Bessières l'avertissait de son empressement à nourrir les troupes envoyées à Salamanque, l'invitait à échanger les chevaux qui ne pouvaient lui rendre service, se proposant de les placer dans ses parcs et de les lui renvoyer en parfait état. De plus il lui offrait tous les secours devenus nécessaires.

C'est près de Sabugal que Baudus trouva le prince d'Essling. Il ne demanda que des vivres. La mission de Baudus était terminée, il regagna Valladolid, quartier général de Bessières.

On a vu à quelle disette de vivres Bessières était condamné. Il ne put satisfaire immédiatement Masséna. Celui-ci, mécontent d'attendre, le pressa de nouveau. Bessières parvint à grand' peine à diriger vers Salamanque un convoi de blé et quelques quintaux de farine, c'était l'aumône du pauvre à un plus malheureux.

Masséna ne se montra pas satisfait. Il lui écrivit le 17 avril demandant un secours de 1,500 chevaux, dix jours de biscuit et dix pièces d'artillerie bien attelées. C'était beaucoup, si on considère les forces insuffisantes de Bessières, sans cesse harcelé par les bandes des partisans Mina et Marquento.

Il répondit au duc de Rivoli : « Je sais que vous êtes sans chevaux d'artillerie et d'équipages, que vous n'avez pas à vous louer de quelques officiers, mais il m'est impossible d'y remédier. »

On était arrivé à la fin d'avril, il fallait ou jeter des vivres dans Almeida, ou en faire lever le blocus aux Anglais. Les deux solutions étaient difficiles. Livrer bataille avec des soldats épuisés, n'était pas pour faire reculer le vieux Masséna; il décida de livrer bataille, envoya ses plans à Bessières qui répondit : « Vous trouverez en moi un vieil ami qui se fera toujours un devoir et un plaisir de vous être utile. Si les circonstances nous reportent sur le même champ de bataille, honneur au plus ancien ! voilà ma devise. J'en ai agi ainsi, il n'y a pas bien longtemps ; j'espère que vous ne l'avez pas oublié et je ferai de mon mieux comme à Roveredo. »

De Baudus partit porter cette lettre, Bessières l'autorisait à promettre un corps nombreux de toutes armes, corps que le duc d'Istrie, un peu en paix avec Mina, se proposait de conduire en personne.

Comme toujours, Masséna ne fut pas content des offres de Bessières, il se contenta de répondre : « Vos lettres sont inconcevables. Convenez, mon cher Maréchal, que si l'armée de Portugal essuyait un échec, vous auriez bien des reproches à vous faire. Je vous ai demandé de l'artillerie et des attelages et encore plus positivement de la cavalerie. Vous avez, sous différents prétextes, éludé mes demandes. Nous avons tous le même maître, toutes les troupes qui sont en Espagne sont de la même famille. »

Au retour de son aide de camp à Valladolid, Bessières s'empressa de réunir toute la cavalerie dont il était possible de disposer. Malgré toute la diligence employée, on ne put partir que le surlendemain. Le Maréchal, à la tête de 2,000 chevaux de la brigade du général Wathier et de 800 cavaliers de la garde, se dirigea vers Salamanque. Un convoi de chevaux en nombre pour six batteries suivait ce précieux renfort.

On arriva à Salamanque pour apprendre le départ de Masséna. On ne le rejoignit qu'à Ciudad-Rodrigo (1 mai 1811). Que sera la première entrevue de ces deux maréchaux? Pleine d'affection. — « Bessières, raconte Thiers, se jeta dans les bras de Masséna, et celui-ci le reçut avec cordialité, car il le savait léger (1), mais brave et point faux. »

Le duc de Rivoli et le duc d'Istrie, après la jonction de leurs forces, poursuivirent leur marche et atteignirent Fuentes de Onoro. L'ennemi s'y était concentré. Ses forces étaient imposantes.

Ne désespérant pas de le vaincre, on prit sur-le-champ les dispositions de combat. La bataille s'engagea le 3 mai; la première journée ne donna point de résultat définitif, nos attaques avaient été conduites sans ensemble. Le lendemain, les troupes restèrent immobiles. Masséna et Bessières pro-

1. Jusqu'ici Thiers, parlant de Bessières, avait employé les mots suivants: en 1798 intrépide, 1806 calme, prudent; en 1813 il ajoute spirituel, sensé. Pourquoi léger en 1811?

fitèrent de ce répit pour reconnaître la position des Anglais.

Ils décidèrent un changement de front. Rentrés au camp, ils ordonnèrent de préparer ce mouvement. Il se fit pendant la nuit dans le plus grand silence. A l'aube on commença l'attaque de l'ennemi; il céda, n'étant point en forces sur son flanc où Masséna et Bessières l'attaquaient avec vigueur.

On profita du premier moment de recul pour le faire charger. Bessières et Montbrun s'élancèrent, renversant les Anglais de toutes armes qui s'opposaient à leur marche. 12,000 prisonniers furent bientôt dans nos mains, le reste de l'armée espagnole et anglaise se retira dans la plus épouvantable confusion.

C'était le moment de faire donner la réserve, une brigade de la cavalerie de la garde sous les ordres du général Lepic. Mais celui-ci ne voulut pas charger sans prendre les ordres de Bessières, commandant en chef de la garde impériale, emporté par les premières charges, loin de sa cavalerie.

Sur qui retombe cette faute ? Sur Bessières ? Non, sa bravoure l'emporta aux premiers rangs des ennemis, il ne put être là pour donner des ordres à Lepic qui invoqua, en fidèle observateur de la consigne, son règlement, incompréhensible dans la circonstance, mais cependant formel.

Nous avions laissé passer le moment d'assurer la victoire, « cet instant décisif et rapide qu'il faut mettre à profit à la minute même où il se présente ».

Le commandant de l'ancien corps de Ney, voyant l'inactivité de la brigade Lepic, crut la victoire assurée et ordonna à ses troupes de s'arrêter et de prendre leur repas.

La fin de la journée se passa en d'inutiles combats de tirailleurs.

On n'arrivait pas en vainqueur à Almeida. Le but de l'expédition était manqué.

Il fallait cependant délivrer Brenier de Montmoran qui commandait cette place. On lui envoya l'ordre de faire sauter les fortifications et de rejoindre Masséna. Brenier devait pour cela passer sur le ventre des troupes anglaises qui formaient le blocus d'Almeida. Trois soldats se dévouèrent pour porter cet ordre. Un seul arriva et c'était celui qui, gardant son uniforme de soldat français, se moquait des déguisements de ses compagnons qui restèrent dans les mains des Anglais.

Brenier de Montmoran exécuta de point en point l'ordre si miraculeusement reçu. Les fortifications furent minées, la ville anéantie. On se fit jour à travers les rangs ennemis et la division assiégée rejoignit Masséna et Bessières.

Le but de l'expédition était enfin atteint. Mais nous n'avions pas la victoire, c'était presque la défaite.

Bessières dut alors accomplir une pénible mission. Il fallait montrer deux lettres confiées à ses soins par Napoléon lui-même : l'une nommait Marmont commandant en chef de l'armée de Portugal, l'autre rappelait à Paris le prince d'Essling.

Avant de regagner la France, Masséna voulut prévenir la colère de l'Empereur en la dirigeant sur une autre personne. Bessières fut sacrifié. On l'accusa d'avoir causé l'échec de Fuentes de Onoro. Comme toujours, ceux qui avaient eu les torts les plus graves, furent les plus acharnés pour accabler le duc d'Istrie.

Les Mémoires de Marbot ont de nos jours remis ces accusations en lumière.

On en connaît déjà le mal fondé, ayant vu la double mission de l'aide de camp de Bessières, sa situation précaire et sa conduite pendant la bataille.

Lorsque ces rumeurs parvinrent au quartier général de Valladolid, l'indignation fut grande parmi les officiers de Bessières qui l'aimaient comme un père. De Baudus voyant dans quel but on calomniait le Maréchal, crut bon de lui faire connaître tout ce dont on l'accusait. On engagea Bessières à prendre des mesures pour déjouer cette intrigue.

Le Maréchal se résolut à envoyer un aide de camp près de l'Empereur pour exposer et sa situation et sa conduite. De Baudus fut choisi pour cette mission.

Il partit, heureux et fier d'une telle mission, espérant bien réduire à néant les calomnies lancées contre son maître, et comptant pour rien les dures fatigues de ce voyage fait à franc étrier, sans cesse exposé aux balles des paysans espagnols.

De Baudus put arriver à Paris, mais l'Empereur n'y était plus, il visitait la Normandie. L'aide de camp, voulant à tout prix accomplir sa mission, partit, sans prendre de repos, pour les côtes de la Manche.

L'Empereur était à Cherbourg. C'est là que de Baudus le trouva. A peine arrivé, il se présenta au palais, et l'audience fut accordée.

Napoléon venait de recevoir un des aides de camp du prince de Neufchâtel, porteur d'un rapport arraché à la faiblesse de Masséna et qui avait toutes les allures d'un acte d'accusation.

Dès les premiers mots, l'Empereur laissa percer sa colère : « Que Masséna ait commis de grandes fautes, qu'il ait échoué dans cette campagne, je n'en suis point étonné. C'est un homme usé, il n'est plus capable de commander quatre hommes et un caporal, je lui avais donné une belle occasion de terminer glorieusement sa carrière ; il n'a pas su en profiter ! Mais Bessières est dans la force de l'âge ! Bessières m'est tout dévoué ! !

» Comment a-t-il si mal conduit mes affaires ? Quel motif a pu l'empêcher de joindre l'armée de Portugal avec une grande partie de son infanterie ? »

Napoléon connaissait donc toutes les accusations lancées contre Bessières. Il fallait les réfuter les unes après les autres.

De Baudus, fort de son droit et de la vérité, poussé par l'indignation, montra les véritables causes de l'insuccès de Fuentes de Onoro, comment on avait laissé passer le moment de vaincre, en ne poursuivant pas les Anglais qu'il était facile d'anéantir en les acculant à la Coa, rivière profondément encaissée.

Ce récit exaspéra Napoléon. « Son attitude, dit de Baudus, m'aurait intimidé, si je n'avais eu à traiter qu'une affaire personnelle, mais il s'agissait de mon général, d'un homme auquel j'étais attaché par le sentiment de la reconnaissance la plus vive. L'injustice avec laquelle Napoléon, prévenu comme il l'était, s'exprimait sur le compte du Maréchal, m'indigna et me sauva de ce danger. »

L'indignation le fit parler, il raconta tout ce qu'il avait vu, tout ce qu'il savait sur les excès, sur le pillage, sur les désordres causés par les troupes en Espagne. Il pouvait parler sur ce terrain, sans craindre les représailles, « car à cet égard, comme pour tout ce qui était du domaine de l'honneur et de la délicatesse, le duc d'Istrie était admirablement pur ».

Napoléon était de plus en plus irrité, il allait à grands pas dans le salon, s'arrêtant parfois, mais ce n'était que pour harceler l'aide de camp.

« — C'est impossible, disait-il, vous me trompez, vous ne me dites pas la vérité.

« — Tout ce que j'ai l'honneur de dire à Votre Majesté est exact et le reproche qu'elle m'adresse me fait croire qu'elle n'a jamais bien connu la vérité sur les affaires d'Espagne. D'ailleurs, elles eussent mieux marché, si Votre Majesté eût su tout ce qui s'y passait. »

Plus les réponses de l'aide de camp étaient persuasives, plus Napoléon trouvait de nouveaux griefs. Lui, qui mettait tant d'orgueil à insérer dans les bulletins de la Grande-Armée, « la garde n'a pas donné », reprocha au Maréchal de n'avoir pas fait charger ce qu'il avait sous la main. On a vu comment le brave Lepic, invoquant son règlement, ne fit pas donner sa brigade, mise par le Maréchal dans une position d'où il lui était facile de s'élancer et d'assurer le succès.

Napoléon compara alors la conduite de Bessières avec celle qu'il avait, lui général en chef, tenu dans des circonstances à peu près semblables :

« — Sire, répliqua l'habile officier, vous étiez le maître ; Bessières ne l'était pas. Dans cette position, Votre Majesté n'aurait pu mieux faire, qu'elle me permette de le lui dire. »

C'est ce que de Baudus démontra avec la plus grande évidence, en se servant des cartes de l'Empereur étendues sur la table. Bessières, en effet, était circonscrit par le court espace de temps que lui laissait l'époque fixée par Masséna pour le début des opérations, époque bien arrêtée, puisque Bessières, malgré toute la célérité apportée pour sa marche vers Salamanque, était arrivé après le départ de Masséna, qui n'avait pas voulu l'attendre.

« — Sire, ajouta l'aide de camp, la position de mon Maréchal était tout à fait secondaire, sa conduite était subordonnée à Masséna, puisqu'à celui-ci appartenait l'initiative de la décision pour tout ce qui avait rapport à cette expédition. »

L'argument était bon, mais cette réponse mit Napoléon au paroxysme de la colère. Depuis une heure il était contrarié dans toutes ses assertions par un simple aide de camp, aussi le congédia-t-il durement.

« — Sortez, sortez, vous êtes trop jeune pour raisonner sur ces choses-là. »

Le fidèle officier se retira et erra longtemps dans les jardins du palais, en proie à la plus grande surexcitation, surexcitation bientôt augmentée par les paroles d'un des aides de camp de l'Empereur :

« — Napoléon, lui dit-il, n'a pas ajouté foi à vos paroles, il est convaincu que vous ne lui avez pas dit la vérité, il est très mécontent du ton que vous avez pris en répondant aux questions qu'il vous a faites. »

De telles paroles étaient peu propres à calmer les craintes de Baudus. Il se retira chez Duroc, grand-maître du palais, et ami intime de Bessières. Il prit conseil de lui pour connaître ce qui lui restait encore à accomplir pour sauver son maître.

Duroc ne faillit point aux devoirs de l'amitié, il se rendit sur-le-champ près de Napoléon. Son entrevue n'eut pas le succès si vivement désiré par tous les amis de Bessières. Napoléon était très aigri contre son compagnon d'Italie et d'Égypte. Il oubliait les promenades nocturnes dans les rues de la capitale, ne voyant que le rapport mensonger signé par Masséna.

De Baudus quitta Cherbourg et regagna Paris, pensant bien que son maître allait être atteint par les courriers de l'Empereur.

Il n'en était rien. L'aide de camp s'était retiré chez Mme Bessières retenue par la maladie à Croissy, propriété de son père. Seul le vieillard connut le motif du voyage de l'officier du Maréchal. On le cacha à la malade, mais elle ne tarda pas à tout savoir.

Le prince Eugène, voulant montrer sa sympathie à ceux qui avaient été fidèles à sa mère dans son malheur, vint s'informer de la santé de Mme Bessières, il put lui raconter le dénouement de toute cette histoire.

« — C'est un brave homme, avait dit Napoléon, en parlant de de Baudus, il a bien défendu son maître. »

Napoléon rendit pleine justice à Bessières, et se montra très dur dans la disgrâce qu'il infligea à Masséna.

Nous avons laissé le duc d'Istrie en Espagne pour suivre de Baudus justifiant son maître avec toute l'ardeur d'un grand cœur formé à la plus haute école des vertus : la compagnie de Bessières.

Retournons près de lui. Masséna parti, Marmont fut placé à la tête de l'armée du Portugal ; il trouva dans Bessières la plus grande bienveillance et le plus grand désir de lui venir en aide. Marmont reçut à Salamanque 10,000 paires de souliers, du blé et cent chevaux de l'artillerie de la garde. C'était le seul secours que pouvait lui envoyer Bessières, qui écrivait le 18 mai : « Je dois à mes fournisseurs plus de deux millions et je n'ai pas un sou dans les caisses. »

Quant à se priver de ses hommes, Bessières, sans cesse attaqué, ne le pouvait pas. Après le départ de l'armée de Portugal, les Partisans eurent l'espoir de vaincre le duc d'Istrie. Bessières apprend leur arrivée, il les attend et se jette sur eux, avec son ardeur habituelle, à la tête de quelques escadrons de la jeune garde. Ils furent bien vite dispersés, mais ne cessèrent cependant pas de dresser des embuscades.

Voyant qu'il ne pouvait occuper à la fois Burgos, Salamanque, Léon, il fit sauter la place forte d'Astorga et réunit à Valladolid toute l'artillerie inutile de Ciudad-Rodrigo (juillet 1811).

Ce fut un de ses derniers commandements. Il y avait eu des tiraillements entre lui et le maréchal Marmont; Bessières, fatigué de ces conflits, demanda son rappel.

Napoléon le lui accorda en août 1811. Il se rendit à Paris et prit le commandement de la garde impériale.

A quelques mois de là, l'Empereur partit pour la Hollande. Avant de quitter sa famille, il voulut assurer à son fils, le roi de Rome, un protecteur. Il choisit Bessières : « Mon Cousin, écrivit-il, allez souvent voir le roi de Rome ; voyez Madame de Montesquiou et prenez toutes les mesures pour veiller à sa sûreté. Informez Madame de Montesquiou qu'en cas d'événement, c'est à vous qu'elle doit s'adresser et vous qu'elle doit prévenir. »

C'était montrer la plus grande confiance en Bessières que de lui laisser le soin de veiller à ce qu'il aimait le plus ici-bas : son fils.

En cette fin d'année 1811, Bessières, heureux de goûter les douceurs de la paix, partit pour Preyssac. Il voulait embrasser son vieux père, revivre les jours d'enfance, parler le naïf et poétique patois des bords du Lot, revoir son cher pays.

Le bruit de son arrivée fut une agréable nouvelle pour ses compatriotes, qui vinrent nombreux et joyeux à sa rencontre. Bessières, simplement vêtu, va de l'un à l'autre le sourire aux lèvres.

Lui, qui avait passé sa vie près du plus grand des Empereurs, lui, qui avait eu des entrevues avec les principaux souverains de l'Europe, lui, qui avait séjourné dans la plupart des résidences royales, oublia tout pour rappeler les souvenirs du jeune âge avec les compagnons de ses premières chevauchées à travers les collines qui entourent Preyssac.

Bessières réunit tous ses amis à sa table. On orna pour la circonstance une vaste salle. Le Maréchal présida ces agapes. Il avait revêtu, pour faire honneur à son pays, son habit de maréchal, à son côté pendait le magnifique sabre rapporté d'Égypte.

Son père était à sa droite, le curé de la paroisse à sa gauche. La joie la plus vive anima tous ses heureux convives.

Il n'y eut ni discours, ni harangue, le choc des verres remplaça l'éloquence. Les amis du duc y mettaient toute leur âme, et cette action avait pour eux la plus grande signification.

Bessières, enchanté de toutes ces démonstrations, promit à ses chers compatriotes de revenir finir ses jours au milieu d'eux, la guerre terminée, la paix assurée à sa chère France.

GUERRE DE RUSSIE

MAIS la guerre n'était pas encore terminée. Il fallut dès décembre préparer une nouvelle campagne.

La guerre de Russie éclata. Bessières, à la tête de la cavalerie de la garde impériale, fut chargé de la mettre sur le pied de guerre. La cavalerie de la garde comprenait les magnifiques régiments des lanciers polonais de Krazinski, des lanciers rouges d'Édouard de Colbert, des chasseurs de Lefebvre-Desnouettes, des dragons de Letort, des grenadiers à cheval de Walther.

Tout était prêt en février, et le Maréchal commença à faire sortir la garde de Paris et à la diriger vers Mayence. Cette sortie fut faite la nuit, on n'indiqua pas même aux troupes ce qu'on voulait d'elles. C'était l'ordre de Napoléon.

Bessières arriva au mois de juin à Thorn, où il réunit toute la garde impériale. On se prépara à passer le Niemen. 40,000 hommes traînant avec eux mille bouches à feu franchirent ce fleuve, le 23 juin pendant la nuit, entrèrent sur le territoire de la Russie sans trouver l'ombre d'une résistance.

Napoléon, escorté de Murat et de Bessières avec la garde, marcha sur Wilna, l'ancienne capitale de la Lithuanie, qui fut occupée presque sans coup férir. L'Empereur y fit une longue halte, pour donner le temps aux colonnes de se rallier, et aux convois de le rejoindre. Ce retard était nécessaire, mais il nous fut fatal.

Bessières ne profita point de ce séjour, il le quitta bien vite pour aller à Loujki, appuyant la gauche du prince Eugène et gagner Witepsk, où les Russes nous échappèrent. En arrivant dans cette ville, Bessières ne pouvait plus mettre en lignes que

27,000 ou 28,000 hommes. Il en avait 37,000 au départ. La cavalerie légère, constamment employée aux reconnaissances ordonnées par l'Empereur, avait subi les pertes les plus considérables. Bessières se promit d'insister près de Napoléon pour ne point s'engager plus avant dans l'intérieur de la Russie. Car les généraux russes opposaient à ses troupes la méthode de guerre demandée par la nature du pays et par le climat et conseillée par l'expérience ; ils reculèrent en évitant une bataille rangée et en nous attirant dans un pays pauvre, mal cultivé, avec des chemins impraticables et un climat pluvieux qui, empêchant les moissons de mûrir, condamnait l'armée à la disette et l'opposait à toutes les maladies.

Ce fut à Viazona que l'Empereur vint rejoindre Bessières. Il lui exposa ses raisons et le pria d'interrompre cette course. Napoléon, malheureusement, ne l'écouta pas et ordonna de reprendre cette trop fameuse marche, cette marche toujours en avant vers les profondeurs de la Russie.

Enfin on aperçut de nouveau l'ennemi. C'était le 5 septembre au soir. Le lendemain, Napoléon examina le champ de bataille et dressa ses plans. Les deux armées, en nombre égal, couchèrent en face l'une de l'autre. « Mais l'armée de Napoléon, triée par cette longue marche, était encore la plus admirable des temps modernes. »

Koutousof fit promener dans son camp une image miraculeuse de la Vierge. Le tsar avait soulevé sa nation contre les étrangers impies et infidèles. « Levez-vous tous ! avait-il dit. Avec la croix dans le cœur et des armes dans les mains, nulle force humaine ne pourra prévaloir contre vous. » C'était pour les Russes une guerre sainte, une croisade.

Dès six heures du matin, les troupes commencèrent à s'ébranler. Le sol fut bientôt jonché de cadavres, tant l'acharnement était grand de part et d'autre. L'action commença par une canonnade de 1200 bouches à feu qu'on entendit à trente lieues à la ronde.

A dix heures Ney et Murat, croyant la bataille gagnée pour

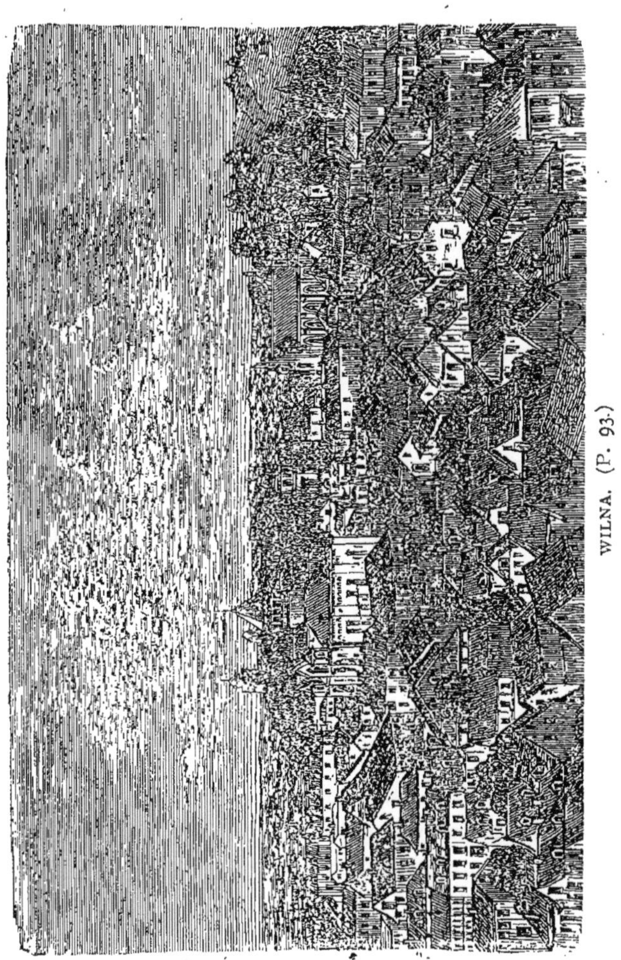

WILNA. (P. 93.)

nous, envoyèrent demander des renforts, la garde elle-même. Napoléon, très souffrant depuis la veille, trouva extraordinairement prématuré de donner toutes ses réserves ; il n'envoya qu'une division, disant à Rapp, son aide de camp: « — Je me garderai bien de faire donner la garde. Je ne veux point la faire démolir, je suis sûr de gagner la bataille sans qu'elle y prenne part. »

Mais Ney et Murat, décidés à reprendre la manœuvre projetée le matin, demandèrent une seconde fois la garde. Napoléon donna les premiers ordres pour la diriger vers eux. La garde partit, un tumulte se produisit tout à coup à gauche de l'armée. Napoléon arrêta alors sa garde, content de ne pas la sacrifier, sentant qu'il en aurait besoin au milieu d'un peuple furieux et à huit cents lieues de la France.

Les mêmes motifs retinrent aussi l'Empereur quant à la fin du combat, il l'empêcha de charger les derniers carrés ennemis.

Cette circonspection empêcha peut-être de remporter dans cette journée une victoire décisive.

Nous avons tenu à citer ce long passage en entier, afin de confondre ceux qui ont fait un crime à Bessières de toujours mal conseiller Napoléon, et en particulier, à la bataille de la Moskowa ; nous avons, j'espère, assez prouvé 1° que ce fut prudent de ne pas engager la garde, pensons-nous ; 2° que quand bien même il eût mieux valu agir autrement, le tort en serait plus à Napoléon qu'à Bessières.

Bessières ne fut point étranger à cette manœuvre, il eut raison, car, sans la garde, que serait devenue la retraite ?

Telle fut la bataille de la Moskowa (3 septembre 1812).

Après cette terrible journée, on se dirigea sur Moscou. L'armée victorieuse y entra le 14.

Napoléon s'établit au Kremlin. Dès le soir de notre entrée, le feu éclata. Bessières, réveillé par les cris, se rendit immédiatement sur le théâtre du sinistre. Il fit travailler à l'extinction du feu. Mais ses efforts demeurèrent vains sur une ville bâtie en bois que le gouverneur Rostopchine avait si bien enflammée. Le Maréchal se retira, fit atteler ses équipages, seller ses chevaux et ordonna d'aller établir son quartier à l'entrée d'un faubourg.

Ayant ainsi réglé ses affaires, il se rendit au Kremlin, pour veiller à la sûreté de son Empereur. Sa visite, se prolongeant, inquiéta son état-major ; un de ses aides de camp, le fidèle Baudus, anxieux de ne le point voir revenir, se dirigea vers le

MOSCOU. — LE KREMLIN.

palais des czars. Bessières ne l'eut pas plus tôt aperçu, qu'il lui dit : « Vous allez conduire l'Empereur pour le faire sortir d'ici. » Puis, se tournant vers Napoléon, il ajouta : « Sire, j'ai fait établir mon logement hors de la ville, voici un de mes aides de camp qui en revient, il conduira Votre Majesté. » L'Empereur fut ainsi préservé, il put cependant revenir au Kremlin, qu'on avait réussi à sauver.

La misère des Russes restés à Moscou était horrible. L'ar-

gent distribué par Napoléon ne put satisfaire cette population affamée et misérable. « Avant d'abandonner Moscou, le comte Rostopchine avait fait ouvrir les prisons aux détenus, distribué au peuple les fusils de l'arsenal, emmené les pompes, ordonné d'incendier les magasins d'eau-de-vie, les barques chargées d'alcool. » Bessières en eut pitié. Son quartier devint un lieu d'asile pour ces Russes mourant de faim.

Un soir, au moment de se mettre à table, le duc d'Istrie vit sa demeure envahie par des pauvres, des vieillards, des enfants. Les femmes, les larmes aux yeux, s'agenouillaient devant lui. Quelques officiers de son état-major cherchèrent à les éloigner. Le Maréchal se retourna vers eux et leur dit avec la plus grande simplicité : « — Messieurs, allons ailleurs chercher à dîner. » Et il ajouta bien bas à l'oreille de Baudus : « — Faites asseoir à notre table ces pauvres gens ; qu'on leur donne toutes nos provisions et ne les quittez pas. »

Pendant le long séjour de l'armée à Moscou, Bessières eut à faire de nombreuses reconnaissances à la tête des corps d'observation que Napoléon lui avait confiés, soit pour garder la route de Podolk, soit pour détruire le camp retranché de l'ennemi. Il le détruisit si bien qu'il n'en laissa aucune trace.

L'expédition au camp de Taroutina, faite avec Murat, l'empêcha de prendre part au Conseil de guerre réuni par Napoléon au Kremlin. Murat et Bessières, partis à la poursuite de Koutousof, s'arrêtèrent à Taroutina en gens qui n'ont point renoncé à l'offensive, mais à qui il manque des ordres pour avancer plus loin. Cette marche n'était pas sans danger, ils jugèrent prudent de rétrograder et de regagner Moscou.

Bessières se rendit près de Napoléon et insista pour un brusque départ : l'armée ne pouvait plus séjourner dans une ville détruite ; l'occupation de ses décombres n'était ni sûre, ni profitable ; nos ailes étaient trop loin. Ces bonnes raisons ne furent pas tout d'abord écoutées. Bessières fut plus heureux la seconde fois ; Napoléon donna les ordres de départ fixé au 19 octobre, et indiqua Kalouga comme point de concentration.

Bessières quitta Moscou le 18 au matin, pour s'emparer de Desna et forcer l'ennemi à s'éloigner. Il rencontra bientôt le gros de l'arrière-garde russe commandée par Miloradovitch. Les détachements russes qui étaient venus troubler nos cantonnements furent bien vite mis en déroute.

On arriva devant Desna, le 24. Un pont sur la Pokov défendait l'entrée de cette ville ; il n'était point coupé. Mais les maisons voisines étaient crénelées et parfaitement fortifiées ; Bessières allait donc perdre beaucoup d'hommes en essayant de le franchir. Il préféra attendre l'entrée d'un autre corps français arrivant sur l'autre rive de la Pokov.

Ce retard ne plaisait point à Napoléon, il lui envoya l'ordre de brusquer l'attaque. Bessières n'en fit rien. « C'était, dit de Baudus, se montrer sagement et habilement avare du sang des troupes placées sous ses ordres. C'était alors un mérite rare, et il avait fallu toute sa fermeté, toute son humanité pour ne pas se laisser arrêter dans la recherche de ce but honorable. Il y avait bien peu d'officiers qui dans un pareil intérêt eussent osé, comme le fit le Maréchal, prendre sur eux de ne pas s'y soumettre aveuglément. »

Cette attente n'avait point été vaine ; les ennemis ne voyaient que lui, et pendant ce temps, nous rentrions par le côté opposé, presque sans combat.

Napoléon rejoignit Bessières, qui reprit sa place dans l'état-major de l'Empereur. Le soir de la bataille de Malojaraslawetz (24 octobre), le duc d'Istrie parcourut la ligne ennemie, remarqua leurs positions et alla jusqu'au prince Eugène, prendre ses renseignements. Il ne rentra qu'à dix heures du soir. Il fit part de ses impressions en parcourant cet horrible champ de bataille où 10,000 morts gisaient les uns broyés, les autres calcinés, puisque l'incendie avait augmenté les tristes fléaux d'un champ de bataille, et termina son rapport en indiquant les forces de l'ennemi. Napoléon baissait la tête. Bessières avait fini depuis quelques minutes, mais l'Empereur poursuivait toujours sa profonde méditation. Murat, Berthier étaient debout à ses côtés, immobiles et silencieux, « témoins muets de l'anéantissement où restait abîmé cet homme extraordinaire dont ils étaient accoutumés,depuis tant d'années,à admirer les soudaines illuminations et les inspirations de salut dans les moments de crise. Ils entrevoyaient, eux aussi, le gouffre dans lequel allait bientôt se consommer la perte, pour l'un de sa royauté, pour l'autre de sa principauté. Bessières voyait la perte de sa patrie et de son maître, car il ne les sépara jamais dans son dévouement. » « Je ne puis oublier, écrit de Baudus, combien de fois, à la suite de cette campagne et principalement dans les mois qui précédèrent sa mort glorieuse, le Maréchal me montra du désespoir à la pensée des maux qu'il prévoyait devoir bientôt fondre sur notre pays [1]. »

Le lendemain, on se remit en marche ; on était à cheval depuis quelques heures, quand les officiers qui entouraient l'Empereur virent sortir d'un bois une troupe de cavalerie. On les prit tout d'abord pour de la cavalerie française ; mais le duc de Vicera crut les reconnaître :

« — Sire, ce sont les cosaques.

— Cela n'est pas possible, » répondit Napoléon.

Mais ceux-ci fondaient sur le groupe impérial ; les maréchaux durent mettre la main à l'épée. Napoléon faillit être pris.

Bessières vint tout sauver, il arriva avec les grenadiers à cheval, chargea les cosaques, reprit les fourgons et les six

1. de Baudus *Études sur Napoléon.*

canons qu'ils venaient d'enlever un instant auparavant (1).

Ayant perdu l'espoir d'atteindre Kalouga, on se replia sur

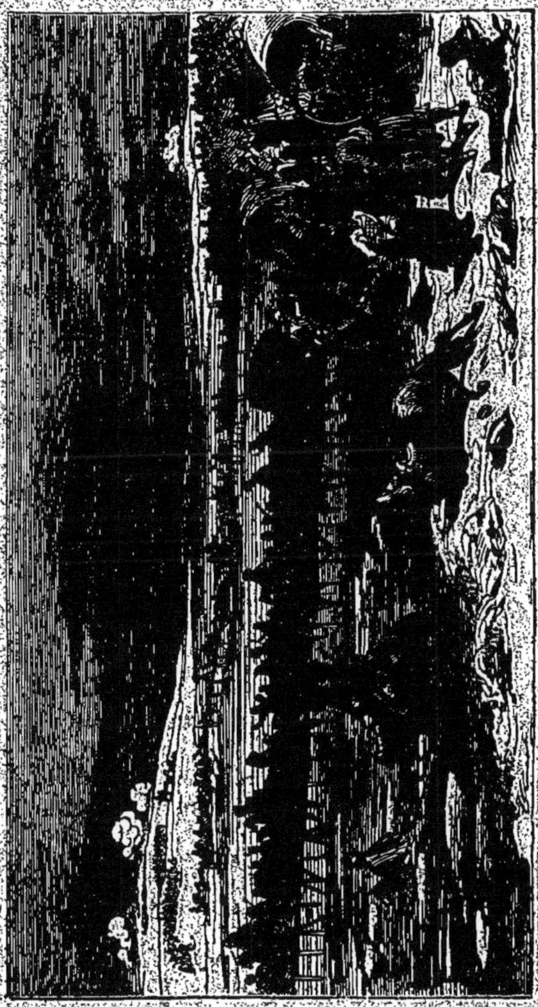

PASSAGE DE LA BÉRÉZINA. (P. 102.)

Majaiok pour regagner la route de Smolensk.

1. Rapp, *Mémoires*.

L'heure des désastres était sonnée. Le froid, les privations étaient extrêmes, et à chaque instant il fallait repousser les attaques des Russes.

Ils nous barrèrent le chemin à Wiazma, on s'ouvrit un passage en se jetant sur eux, la baïonnette en avant. La garde se mit en tête, son Empereur était au milieu d'elle. On arriva ainsi à Smolensk. Ces dernières journées avaient été affreuses. L'armée avait à lutter contre tous les fléaux : les cosaques, la faim, le froid, la fatigue et la démoralisation.

Bessières, par sa position d'avant-garde, voyant tout ce que les troupes d'arrière-garde auraient à souffrir, envoya de Baudus proposer au roi de Naples de se réunir à lui, afin de tenter une démarche près de Napoléon et l'engager à mettre un terme à cet état inquiétant pour l'avenir. Murat fut du même avis. De Baudus présenta les rapports de ces deux chefs. La lecture finie, Napoléon, irrité, s'écria : « — Est-ce que ces b... là ont peur ? Dites que s'ils ont peur, je les ferai remplacer. » L'aide de camp sortit et laissa le prince de Neufchâtel s'entretenir avec le monarque, il en rapporta une réponse plus digne de la majesté impériale.

Après avoir bataillé à Krasnoe pour forcer le passage, on put se rallier à Poscha, et prévenir la rupture du pont du Dniéper.

On atteignit enfin Borisow sur la Bérézina. Il fallait la passer. Le brave général Eblé, presque sans outils et sans matériel (Napoléon ayant tout fait brûler), arriva à jeter sur une rivière, large de quatre-vingts mètres, deux ponts, qu'il fallut réparer trois fois en se jetant dans une eau glacée. L'ennemi nous laissa deux jours de repos et 40,000 hommes avec l'Empereur réussirent à passer la Bérézina (26-29 novembre).

Après quoi, le froid recommença avec une intensité terrible. Les soldats, incapables de le supporter, murmuraient et n'observaient plus aucune discipline. La situation était horrible, quand on arriva le 5 à Smorgoni.

Il fallait aviser. Murat et Eugène pressèrent Bessières de se réunir à eux pour conseiller à l'Empereur de retourner à Paris, où sa présence, au point de vue politique, semblait plus nécessaire qu'à l'armée. Mais ni le roi de Naples ni le vice-roi d'Italie n'osaient entretenir Napoléon d'un sujet aussi grave et qui devait le contrarier profondément. Le duc d'Istrie se dévoua. En présence de Murat et d'Eugène, il aborda la question avec autant de franchise que de respect. Dès les premiers mots de Bessières, Napoléon s'emporta jusqu'à dire : « Il n'y a que mon plus mortel ennemi qui puisse me proposer de quitter l'armée dans la situation où elle se trouve. »

Bessières insista, Napoléon, n'y tenant plus, fit le geste de porter la main droite à la garde de son épée :

« — Quand vous m'auriez tué, dit froidement Bessières, il n'en serait pas moins vrai que vous n'avez plus d'armée, que vous ne pouvez plus rester ici, car nous ne pouvons plus vous garder. »

Murat entraîna Bessières loin de l'Empereur, laissant celui-ci abîmé dans une triste méditation.

Un peu après cette brusque sortie, Napoléon fit appeler le Maréchal, le reçut avec douceur et lui dit :

« — Puisque vous le voulez tous, il faut bien que je parte (1). »

Napoléon quitta Smorgoni en traîneau et prit la route de Paris.

Murat prit le commandement de l'armée. Le froid devint encore plus terrible, le thermomètre marquait 30 degrés Réaumur. Les hommes marchaient dans le plus grand désordre, sourds à tous les commandements de leurs chefs, qui souffraient autant qu'eux, plus peut-être.

1. Général Ambert. *Correspondant*, 10 octobre 1878.

Bessières, pour remonter le moral de sa garde, en partagea les souffrances le plus possible, il fit cette retraite à cheval, ayant abandonné, depuis Moscou, sa voiture à une famille française d'émigrés. Il n'y trouva même pas une place pour une pauvre fillette de dix ans trouvée près du cadavre de sa mère, au passage de la Bérézina. Le duc d'Istrie l'avait adoptée et voulait la sauver. Il fut assez heureux pour la ramener à Wilna, dans la berline du général Laborde. Mais à Wilna, la gangrène se déclara. Le Maréchal s'empressa de la faire transporter dans un couvent de religieuses, d'y laisser une forte somme pour qu'on ne lui ménageât point les bons soins.

Les soucis de la guerre ne permirent pas au Maréchal de se renseigner dans la suite sur le sort de sa protégée.

Bessières n'arriva que le 8 à Wilna. On connaît l'entrée tumultueuse de nos malheureux soldats dans cette ville. Le Maréchal souffrait des horribles maux qui fondaient sur ses hommes, il ne pouvait les diminuer. Là encore il partagea son logement avec les soldats. Il occupait l'hôtel où avait résidé le duc de Bassano pendant cette campagne. Celui-ci y avait laissé une grande quantité de faux roubles. Bessières ordonna sur-le-champ à ses aides de camp de les brûler.

En sortant de Wilna, on rencontra le fameux défilé de Pornavi ; les chevaux ne purent entraîner les voitures ; il fallut laisser là le trésor de l'armée.

Désormais les restes de la Grande-Armée marchent avec la plus grande rapidité. Ce n'est plus une retraite, mais une fuite.

Le 10, Bessières arriva à Euvé, le 11 à Rumziki; le 12, il est à Kowno, les désordres de Wilna se reproduisirent, les magasins furent pillés ; une partie de la ville devint la proie des flammes. Des soldats arrivèrent à mettre la main sur les réserves d'eau-de-vie, mais cette trouvaille leur fut fatale, car cette liqueur produisit en eux des effets désastreux, pour le plus grand nombre, la mort. Les rues étaient obstruées par les cadavres.

Bessières, navré par ces tristes tableaux, pria Murat de donner l'ordre du départ. — On se dirigea sur Elbing, en passant par Eylau. Quel contraste avec notre premier passage dans ces

LE PRINCE EUGÈNE DE BEAUHARNAIS. (P. 106.)

contrées en 1807 !! En longeant le champ de bataille d'Eylau, un souvenir, une prière pour les hommes tombés en ces jours de triomphe s'échappa de toutes les poitrines.

Les murs d'Elbing apparurent enfin, on y entra le jour de Noël; l'armée y séjourna huit jours seulement.

Elle ne devait s'arrêter qu'à Posen, terme de cette course plus meurtrière que le feu le plus terrible.

A peine établi dans Posen, Murat annonça son départ pour son royaume de Naples. Les soldats, à cet acte de lâcheté, firent connaître leur indignation. Le prince Eugène de Beauharnais le remplaça, nomination ratifiée par Napoléon pour la plus grande joie de Bessières. « Nul ne fut plus heureux que mon Maréchal. C'était à la fois le résultat d'un vieil attachement qui avait quelque chose de paternel et d'une estime profondément méritée (1). »

Bessières ne devait pas rester longtemps sous les ordres d'Eugène. Napoléon envoya, le 24 janvier 1813, l'ordre de le renvoyer à Paris, pour organiser les nouvelles forces qu'il faisait surgir. Car, après cette fatale campagne de 1812, il fallut tout le génie de Napoléon pour réorganiser une armée et la mettre sur le pied de guerre en moins de quatre mois.

Le duc d'Istrie se sépara avec regret du prince Eugène et s'achemina rapidement vers Paris.

1. de Baudus.

CAMPAGNE D'ALLEMAGNE. — SA MORT

AUSSITOT rentré à Paris, Bessières s'employa à la réorganisation de la garde. La sixième coalition se formait et Napoléon voulait faire face à l'Angleterre, à la Russie, à l'Allemagne, à la Suède et à l'Espagne. Il fallait donc agir avec la plus grande rapidité. Bessières eut à peine un mois pour compléter le cadre de la garde et s'abandonner aux joies de la famille, près de son épouse et de ses enfants. Ce devait être le dernier mois passé au milieu de ces êtres si chers. Le Maréchal le pressentait, il en avait fait la confidence à plusieurs personnes: « Je ne reviendrai pas, car dans la crise des circonstances et avec nos jeunes soldats, c'est à nous autres, chefs, à ne pas nous épargner. »

Napoléon avait levé une armée de 340,000 hommes qui devaient s'élever à 500,000 avec les gardes nationaux. Mais c'étaient les conscrits de la classe 1813 au nombre de 140,000 et ceux de la classe 1814 levée par anticipation.

C'est dans ces tristes conjonctures qu'il quitta Paris le 11 avril. Le 12, il est à Gotha et le 14, il put réunir toute la cavalerie de la garde à Francfort. Une telle rapidité ne surprendra pas quand on lit dans les écrits d'un de ses aides de camp : « Le Maréchal fatigue trois ou quatre chevaux par jour, il ne descend pas de cheval. En marche et pendant les affaires il se nourrit d'un morceau de pain frotté d'ail, comme on fait, dit-il, dans son pays. »

Bessières assura la communication entre Gotha et Erfurt, fit construire près des ponts des tambours pour mettre les corps de gardes à l'abri des cosaques. Il avait à ce moment 50.000 hommes à commander. Napoléon lui avait confié le commandement de toute la cavalerie française. Le duc de Raguse était sous ses ordres.

Napoléon était arrivé et on s'occupa de faire la jonction avec l'armée du prince Eugène. Le 27 avril, le Maréchal quitta Weimar avec la garde à pied et à cheval pour s'avancer sur le chemin de Naumburg.

Il se porta ensuite avec toute sa cavalerie à Weissenfels ; il y arriva le 30, y passa la nuit et se prépara au combat.

Le lendemain, le duc d'Istrie appela de Baudus pour partager son déjeûner. Le regard du Maréchal était sombre, sa physionomie pensive et empreinte d'une grande tristesse. Il refusa de goûter aux mets. De Baudus, qui l'aimait comme son propre père, le pria de prendre quelque nourriture. Bessières répliqua:

« — Je n'ai pas faim.

— Mais, Monsieur le Maréchal, dit l'officier, nos vedettes et celles de l'ennemi sont en présence, et quelque affaire sérieuse est probable; nous ne pouvons rien prendre de la journée.

— Au fait, dit-il, si un boulet de canon doit m'enlever ce matin, je ne veux pas qu'il me prenne à jeun. »

Sorti de table, il chargea son aide de camp de lui apporter les lettres de sa femme, il ne les ouvrit pas, mais après les avoir considérées pendant quelques minutes, elles furent jetées au feu. Jamais il n'avait détruit la correspondance de son épouse depuis le jour de son mariage; et, après chaque campagne, il rapportait à Paris les nouvelles lettres pour les joindre aux anciennes.

A la vue du sol jonché de débris d'assiettes renversées par son aide de camp, il murmura quelques paroles que celui-ci ne put comprendre.

Le Maréchal se rendit ensuite près de Napoléon, qui ne tarda pas à monter à cheval et à donner ses ordres pour le combat. Bessières le suivit. C'était son poste.

De Baudus, qui n'avait jamais vu son maître aussi triste, dit à un de ses camarades :

« — Si nous nous battons aujourd'hui, je crois que le Maréchal sera tué. »

La physionomie de Bessières faisait contraste avec son ancienne tenue au matin des jours de combat, où sa figure rayonnait de joie ; il avait coutume de répéter à ses officiers en riant : « Gare à vous, Messieurs ! Pour moi il ne m'arrivera rien. »

Le combat commença. Le village de Rippach fut enlevé par Ney. Il fallait reconnaître le défilé sortant du village pour aboutir dans les plaines de Lutzen ; la cavalerie devant y passer, Bessières ne voulait point y engager son corps sans avoir vu par lui-même les dispositions du terrain. Il s'empressa de les reconnaître. Arrivé vers la hauteur qui domine Rippach, il s'arrêta une minute pour regarder une batterie que les Prussiens venaient d'établir dans le but de balayer la grande route. Le premier boulet lancé par cette batterie emporta la tête d'un maréchal des logis, faisant depuis plusieurs années le service d'ordonnance auprès du duc d'Istrie. Très affligé de cette perte, Bessières s'éloigna pour examiner de plus près la position de l'ennemi. Il arriva près de Ney, arrêté à la hauteur des dernières maisons du village. Ney considérait la plaine couverte de la cavalerie prussienne. Quand il aperçut Bessières, il cria :

« — Que viens-tu faire seul ? Vois, si ta cavalerie était ici, la belle besogne !

— Je vais l'envoyer chercher, et elle va venir là, » répondit Bessières en montrant le sol avec son doigt. Il s'éloigna suivi de quelques cavaliers, de son mameluk Mirza et de Bourjolly. Repassant près du cadavre du maréchal des logis, il dit à son aide de camp :

« — Je veux qu'on enterre ce jeune homme ; d'ailleurs l'Empereur serait mécontent s'il voyait un sous-officier de la garde tué là : car si ce point était repris, il serait fâcheux qu'à la vue de cet uniforme, l'ennemi pût croire que la garde a donné. »

Le dernier mot expirait à peine sur ses lèvres qu'un boulet vint l'atteindre, l'enleva de son cheval et le jeta à terre. La main gauche qui tenait les rênes fut fracassée, le corps traversé de part en part et le coude droit broyé. Le Maréchal ne poussa pas même un cri. La mort avait été instantanée.

De Baudus termine le récit de cette mort glorieuse par ces lignes : « Un acte de charité envers un de ses semblables et l'accomplissement de son devoir envers son prince et sa patrie, tels furent les sentiments qui occupèrent les derniers moments du Maréchal, comme ils avaient rempli noblement son âme pendant sa vie.

» Nous considérerons toujours l'avertissement qu'il reçut de la Providence sur sa fin prochaine comme une récompense de tout le bien qu'il a fait, sous nos yeux, aux malheureuses victimes de la guerre; Elle voulut sans doute lui accorder l'immense bienfait d'avoir le temps de se préparer à la mort par quelques pensées religieuses [1]. » La Providence ne pouvait faire moins à un homme « qui ne permettait pas dans les camps les propos grivois et les plaisanteries irréligieuses [2] ».

En apprenant cette catastrophe soudaine, Napoléon versa des larmes, car il possédait en Bessières plus qu'un lieutenant habile, un ami fidèle. Il s'empressa d'écrire le soir même au prince Cambacerès, le priant de faire connaître cette perte sensible à la duchesse, pour éviter qu'elle ne l'apprît par les journaux.

Quand le baron Fain se présenta pour faire signer les lettres, l'Empereur lui dit :

1. de Baudus. *Études sur Napoléon.*
2. de Bourjolly.

« — Vous connaissez Bessières depuis longtemps ?

— Oui, Sire. Sa perte sera un deuil pour l'armée qui le chérissait.

— Il me faut une victoire pour compenser un tel malheur.

— C'était pour Votre Majesté un ami fidèle, un sujet dévoué.

— Dites aussi que c'était un honnête homme. Ce mot comprend tous les éloges (1). »

Ce ne fut que le 6 mai que Napoléon put envoyer à la maréchale la lettre suivante :

« Colditz, 6 mai 1813.

« Ma cousine, votre mari est mort au champ d'honneur. La perte que vous faites, et celle de vos enfants, est grande sans doute, mais la mienne l'est davantage encore. Le duc d'Istrie est mort de la plus belle mort, sans souffrir. Il laisse une réputation sans tache : c'est le plus bel héritage qu'il ait pu léguer à ses enfants. Ma protection leur est acquise ; ils hériteront aussi de l'affection que je portais à leur père. Trouvez dans toutes ces considérations des motifs de consolation pour alléger vos peines et ne doutez jamais de mes sentiments pour vous.

» Cette lettre n'étant à autre fin, je prie Dieu, ma cousine, de vous avoir en sa sainte garde (2). »

Les officiers de Bessières prescrivirent le silence aux témoins, afin que ce malheur fût caché un jour à l'armée qui l'eût pu consterner. Le corps fut enlevé dans un manteau et caché jusqu'au surlendemain.

Napoléon ordonna l'embaumement du cadavre, et fit faire les préparatifs nécessaires pour que le corps du cher Maréchal partît pour la France. Il y arriva le 20 mai et fut déposé aux Invalides.

Les victoires remportées par les jeunes troupes n'arrivaient

1. Fain, manuscrit de 1813.
2. *Correspondance de Napoléon*, année 1813.

point à calmer le chagrin de l'Empereur. Depuis la mort de Desaix, de Lannes, il n'avait pas paru à ses officiers qu'il eût ressenti une peine aussi vive.

Le lendemain de la bataille de Lutzen, Napoléon, les bras derrière le dos, les yeux baissés sur le sol, traversait silencieusement quelques rangs de sa garde. Un vieux soldat voulut profiter de ce passage pour lui présenter une requête, mais un de ses camarades le retint, et lui dit : « Laisse-le aujourd'hui, il ne pourrait t'écouter ; vois comme il est triste : il a perdu un de ses enfants (1). »

L'Empereur donna les premiers ordres pour les honneurs extraordinaires qu'il réservait à Bessières et à Duroc tué quelques jours après à Wurtschen.

Il écrivit le 4 juin à Marie-Louise : « Je vous prie de parler à l'archichancelier pour qu'il charge nos jeunes et meilleurs orateurs de faire l'oraison funèbre des ducs d'Istrie et Frioul. Il faudrait faire faire des ouvrages soignés et qui fussent terminés dans deux mois. Vous pourriez aussi en dire deux mots au grand-maître de l'Université, qui pourrait désigner les individus. »

M. Fontanes choisit Victorin Fabre (2). Mais les événements ne laissèrent pas le temps à Napoléon d'exécuter son dessein.

Il ne laissa point pour cela d'essayer d'assurer le sort de Mme la Maréchale, laissée avec des enfants encore jeunes, sans aucunes ressources et avec de nombreuses dettes, causées par le luxe que Napoléon voulait voir chez ses maréchaux.

Le 5 décembre 1813, Napoléon lui écrivit : « Ma cousine, j'ai reçu la lettre que vous m'avez écrite. Votre confiance en moi est bien fondée. J'ai donné ordre à mon grand maréchal du Palais de me faire un rapport sur votre affaire ; je prendrai les

1. Frédéric Fayat. Bessières.
2. Malgré toutes les recherches, cette oraison funèbre n'a pas été retrouvée dans les œuvres de V. Fabre.

mesures nécessaires pour la terminer et pour vous mettre dans une situation convenable. Chargez votre père ou quelqu'un qui ait connaissance de vos affaires (et sans que les créanciers de la succession le sachent) de voir mon grand maréchal pour lui donner tous les renseignements qu'il peut demander. »

Cette pauvre femme mourut à Tilloy (Seine-et-Oise), le

THIERS. (P. 115.)

4 juin 1840. Elle mourut avec les consolations de la Religion qu'elle avait tant aimée et si bien défendue près de Napoléon lui-même. On voyait sous les yeux de la mourante un crucifix et, près d'elle, la montre de son mari aux aiguilles immobiles. Le boulet qui avait frappé le duc n'avait pas touché la montre, mais

elle s'arrêta subitement; on n'avait jamais voulu la remonter.

La situation de Mme Bessières après 1814, où elle perdit sa dotation, fut assez précaire. Mais Napoléon inscrivit le jeune duc d'Istrie sur son testament une première fois pour 50,000 francs et une seconde fois on lit : « ...... 8e au fils de Bessières, duc d'Istrie, 300.000 francs dont seulement 100,000 francs réversibles à la veuve, si le duc était mort lors de l'exécution du legs. Je désire, si cela n'a aucun inconvénient, que le duc épouse la fille de Duroc. »

Ce fils devint pair de France en 1828; il mourut sans enfant le 21 juillet 1856.

Tous tinrent à chanter les louanges du Maréchal Bessières. Le roi de Saxe voulut le premier payer son tribut d'honneur à ce brave et loyal homme de guerre. Il fit élever un monument à Bessières à l'endroit même où il avait été tué, et, par un bien glorieux rapprochement, il le fit faire semblable à celui de Gustave-Adolphe, mort, lui aussi, non loin de là (1). Ce n'est qu'une simple pierre entourée de peupliers.

Les Espagnols, en apprenant cette mort, tinrent à cœur de payer une dette de reconnaissance à l'ancien gouverneur des provinces de Castille (2). Ils envahirent en foule les églises, comme au jour d'un grand désastre public et partout des services funèbres furent célébrés en son honneur.

C'était montrer l'attachement que l'on gardait pour cet homme généreux et bon, dont l'administration avait été si bienveillante envers ce peuple que nos troupes avaient l'ordre de vaincre.

Napoléon aimait à parler, pendant les longues heures de son exil, de ses principaux lieutenants. Ses jugements ont un grand

1. Fain. Manuscrit de 1813.
2. Las Cases, *Mémorial de Ste-Hélène*, t. IV, p. 45.

prix, ils émanent d'un homme qui n'eut point son pareil pour juger les autres.

Voici celui qu'il porta sur Bessières : « Ses qualités, se développant avec les circonstances, le montrèrent toujours à la hauteur de sa fortune. On vit Bessières constamment bon, humain, généreux ; d'une loyauté, d'une droiture antique ; soldat, homme de bien, et citoyen honnête homme. Il était adoré de la garde au milieu de laquelle il passait sa vie (1). »

« Il était d'une bravoure froide, calme au milieu du feu... propre surtout à commander une réserve, on le verra dans toutes les grandes batailles rendre les plus grands services. Bessières était un officier de réserve plein de vigueur, mais prudent et circonspect (2). »

« Il a vécu comme Bayard, il mourut comme Turenne (3). »

Après avoir raconté la mort du duc d'Istrie, Thiers porte ce jugement :

« Bessières, commandant de la cavalerie de la garde, fait, par Napoléon, maréchal, duc d'Istrie, était un vaillant homme, vif comme les Gascons, ses compatriotes, et comme eux, cherchant à se faire valoir ; mais spirituel, sensé, ayant souvent le courage de dire à Napoléon des vérités utiles, non pas en forme de boutades passagères, mais avec assez de sérieux et de suite (4). »

Le général Ambert, qui a publié une étude sur le maréchal Bessières, en fait l'éloge suivant :

« Ses fonctions, pour ainsi dire spéciales, ne lui permirent pas de prendre souvent le commandement de grandes armées, et de déployer tous ses talents de capitaine. Mais on ne saurait lui reprocher une faute. La mort le surprit précisément à

1. Las Cases, *Mémorial de Ste-Hélène*, t. II, p. 187.
2. *Mémoires*, t. I, p. 241.
3. Las Cases, t. IV, p. 45.
4. Thiers, *Histoire du Consulat et de l'Empire*.

l'heure où l'Empereur lui confiait ce commandement important, qui allait mettre en relief sa valeur ! »

Quoi qu'il en soit, le duc d'Istrie porta très haut le bâton de Maréchal de France. Il n'en est pas un seul, parmi ses glorieux compagnons, dont la vie militaire ait eu cette suite constante de belles actions sans mélange de revers ou de défaillance.

Ce qui distingue surtout le duc d'Istrie, c'est la beauté de son caractère. On peut dire de lui qu'il fut vertueux à une époque où la véritable vertu se voyait rarement.

Nous devons ajouter que le Maréchal se montra religieux en un temps d'indifférence. Il fut dans ces grandes armées conquérantes, désintéressé comme un sage.

On rendait justice à sa probité ombrageuse, à sa dignité chevaleresque, à sa franchise douce et persuasive.

Le duc d'Istrie ne ressemblait pas à ses compagnons, tant il y avait en lui du gentilhomme, il en avait les traits, la physionomie et jusqu'au langage courtois, poli, élevé, spirituel et parfois hautain avec ceux qui le froissaient. Très autoritaire, ami de la hiérarchie, nullement courtisan, il faisait respecter le pouvoir et ne souffrait jamais qu'il fût discuté. Tout était aimable en lui, jusqu'au regard, jusqu'au sourire.

Ce fils d'un médecin de campagne méritait d'être un ancêtre, et, naturellement, il en eût remontré à tous sur la façon de porter la couronne ducale et l'épée.

Jamais mauvaise pensée n'entra dans son âme, jamais son cœur ne faiblit, et jamais sa conscience ne fut souillée d'un mensonge.

Comment s'expliquer le silence qui s'est fait autour de cet homme de bien (1) ?

Différentes citations empruntées au colonel de Baudus, au

1. Général Ambert, *Correspondance*, 25 octobre 1878, p. 69.

général de Bourjolly et au général Guillabert, qui ont eu l'honneur de l'approcher de près, nous ont appris ce qu'était le Maréchal pour ses soldats. Terminons par quelques mots tirés de Bourjolly : « Son attitude est froide, calme, digne et presque fière ; mais au fond, on ne saurait être plus bienveillant. Il observe beaucoup et parle peu, écrit rarement et veut tout voir par lui-même. Les jours de combat il est tout yeux et tout oreilles ; il est superbe au feu, d'un sang froid sans pareil, il entraîne ses cavaliers qui l'admirent et l'aiment comme un père.

Sa délicatesse est extrême, et nous l'avons vu refuser des objets que lui offraient des municipalités, par exemple des tableaux et des armes. Tous ses bagages tiennent dans une petite voiture dont un major ne se contenterait pas.

Quoique poli jusqu'à la douceur, il inspire cependant la crainte, tant il est sérieux. »

« Bessières avait quelque chose d'antique», a dit M. de Noivins, il avait raison. Au milieu des grandeurs de l'Empire, le duc d'Istrie fut toujours simple. C'était surtout dans la garde qu'il était adoré et qu'il fallait le voir, il était comme le père de chaque soldat, jamais sa porte n'était fermée pour eux. « Je suis sorti de leurs rangs et je ne saurais l'oublier, » disait-il souvent.

« Quant aux qualités de son cœur, à sa belle âme, il existe de Bessières une foule de traits dont j'ai gardé note. Tous ces traits le placent dans un jour qui en font un homme dont la France doit être fière (1). »

Les habitants de Preyssac, après avoir pleuré la mort du Maréchal, voulurent le fêter.

En 1836, à la prière de M. Baldy, maire de Preyssac, une commission, composée de toutes les autorités du département, se réunissait à la préfecture de Cahors et arrêtait l'organi-

1. *Mémoires de la duchesse d'Abrantès*, t. XVI, p. 161.

sation des fêtes d'inauguration d'une statue de Bessières.

Le bloc de marbre avait été donné par le Gouvernement. M. Molch-Wey l'avait ciselé avec tout son talent d'artiste. Les premiers fonds étaient dûs à la générosité du Conseil général. Le reste fut le fruit d'une souscription publique.

Tout était préparé pour l'inauguration, elle fut fixée au 5 avril 1846.

Ce fut une belle journée pour Preyssac. L'armée, le clergé, tout fut représenté à cette solennité. Heureux temps où le préfet marchait à côté de l'évêque pour fêter la bravoure et l'amour de la patrie, soit sous le brillant uniforme du général, soit sous la robe du prélat.

L'éloquence et la poésie louèrent dignement le héros de tant de batailles, le lieutenant fidèle de Napoléon.

Il ne manquait que le fils du Maréchal, retenu par la maladie sur les côtes d'Italie. Le duc était digne de son père; ne pouvant se trouver au milieu de ce peuple, assemblé pour chanter les louanges du vainqueur de Médina, il envoya de l'argent, fondant à perpétuité une rente pour assurer une donnée de pain aux pauvres de Preyssac.

La ville de Cahors voulut, elle aussi, perpétuer dans ses murs le souvenir du Maréchal Bessières.

En 1866, elle lui érigea une statue en marbre. C'était le don de la générosité publique, et l'œuvre du sculpteur Mahlmet.

On la plaça dans le square Fénelon, en face de la statue de Murat.

Sur le piédestal de cette statue, comme sur celui de Preyssac, on peut lire une phrase que tout jeune homme entrant dans la carrière des armes devrait méditer profondément :

« Il vécut comme Bayard et mourut comme Turenne. »

P. M.

La Baume Palletaise, 14 mars 1902.

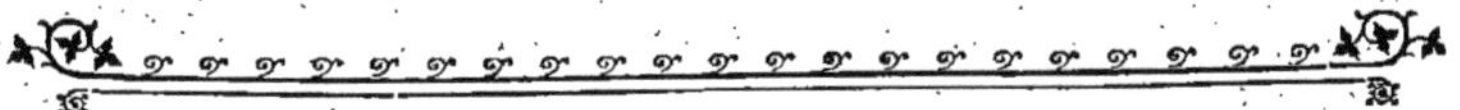

TABLE DES MATIÈRES.

Imprimé par Desclée, De Brouwer et Cie, Paris-Lille-Bruges.

www.ingramcontent.com/pod-product-compliance
Ingram Content Group UK Ltd.
Pitfield, Milton Keynes, MK11 3LW, UK
UKHW020238220726
13923UKWH00002B/727